大国小康

决胜脱贫攻坚背后的人与事

余 玮 吴志菲 / 著

天地出版社 | TIANDI PRESS

图书在版编目（CIP）数据

大国小康 / 余玮，吴志菲著. —成都：天地出版社，2021.10

ISBN 978-7-5455-6446-4

Ⅰ.①大… Ⅱ.①余… ②吴… Ⅲ.①小康建设 – 先进工作者 – 先进事迹 – 中国 – 现代 Ⅳ.①K820.7

中国版本图书馆CIP数据核字（2021）第138401号

DAGUO XIAOKANG

大国小康

出品人	杨　政
作　者	余玮　吴志菲
责任编辑	杨永龙　李晓娟
封面设计	今视窗
内文排版	尚上文化
责任印制	王学锋

出版发行	天地出版社
	（成都市槐树街2号　邮政编码：610014）
	（北京市方庄芳群园3区3号　邮政编码：100078）
网　　址	http://www.tiandiph.com
电子邮箱	tianditg@163.com
经　　销	新华文轩出版传媒股份有限公司

印　　刷	北京文昌阁彩色印刷有限责任公司
版　　次	2021年10月第1版
印　　次	2021年10月第1次印刷
开　　本	710mm×1000mm　1/16
印　　张	21
字　　数	241千字
定　　价	58.00元
书　　号	ISBN 978-7-5455-6446-4

版权所有◆违者必究

咨询电话：（028）87734639（总编室）
购书热线：（010）67693207（营销中心）

如有印装错误，请与本社联系调换。

目 录
Contents

杜润生 | 家庭联产承包责任制的幕后推手

"小脚女人"的革命与被革命 / 6
首个中央涉农"一号文件"诞生的阵痛 / 12
中国改革率先从农村突破的背后 / 17
耄耋之年的脑子里有两个问题放心不下 / 26

马　洪 | 为中国国情开"良方"

陈云给"不吱声的小调皮""赐名" / 34
毛泽东的床头摆放着马洪主笔的"条例" / 39
曾较早"为市场经济正名" / 42
晚年步入"第二学术黄金期" / 49

袁隆平 | "泥腿子科学家"的超级水稻梦

自小我似乎与杂交水稻结下了不解的情缘 / 60
中央的政策对我的科研影响不小 / 64
我的工作要求我像农民一样生活 / 67

李振声 | 杂交小麦领域的"袁隆平"

多次粮食"危机"中解决中国人的饭碗问题 / 75

小村寨走出的大科学家 / 81

让风马牛不相及的麦草开创中国远缘杂交育种的先河 / 85

农民的儿子最喜欢去的地方是农村 / 90

真正给我打分的是农民 / 93

淡然直面捐巨奖背后的是是非非 / 97

知情人视野里的魅力 / 100

蔡　昉 | "穷人经济学家"掏尽心智

细述有获得感和幸福感的全面小康 / 115

"文革"知青接到"天上掉下的馅饼" / 118

从大学时代的"生吞活剥"到智囊机构的"行万里路" / 123

农业保护政策的反对者终究成为农业经济学家 / 127

打"阵地战"的"穷人经济学家" / 131

贺　铿 | 以数字诠释人民中国

困境中赛跑的健将 / 142

情倾经济计量学 / 145

春风化雨桃李妍 / 149

为国识数乐无穷 / 152

经济计量学家眼中的小康概念 / 159

谭崇台 | 深感不安的"发展经济学之父"

从四川乐山到武汉珞珈山 / 168

迎来迟到的学术青春 / 174

名字同发展经济学紧紧连在一起 / 178

"称职的教书匠"那独特的人格魅力 / 183

李培林 | 深度透视和谐中国

首次提出"社会转型"理论 / 190

与中央领导交流和谐社会构建方略 / 196

做学问要耐得住枯燥与寂寞 / 201

深入实际蹲点调研了解国情 / 203

从生活变迁中洞察当今中国"社会新常态" / 209

久违的文学梦与难了的经邦济世情 / 212

温铁军 | 用双脚为农民兄弟代言

"一号文件"破题头号问题 / 222

"温三农"这样炼成 / 229

庄稼人的春天正大步走来 / 237

吴仁宝 | "天下第一村""忘本"的农民

看到有人穷就心疼的村干部也曾放过"卫星" / 244

"忘本"的农民有过一次难言的大起落 / 248

跻身江苏省政协常委的他留恋村支书一职 / 253

"能正能副"的"废物利用" / 256
高举"共同富裕"旗帜 / 261

周宝生 | 一个人和一个村庄的传奇

春风拂面：小山村成为一方富土、净土与乐土 / 272
敢为人先：集体的家底越来越厚 / 279
有胆有识：泥腿子盘起了高科技 / 282
脚踏实地：走出了"一阔就变"的怪圈 / 287
领跑民校：独立学院成就"田野上的希望" / 294
筑梦田园：助力精准扶贫 / 302

彭兆旺 | "菌业袁隆平"开创扶贫新格局

一个"疯子"的八年"折腾" / 313
一朵香菇改变贫困地区面貌 / 319
一个技术撬动扶贫大产业 / 325

杜润生

家庭联产承包责任制的幕后推手

DU RUNSHENG

大国小康

DU RUNSHENG

　　杜润生，原名杜德，著名农村经济学家，中国农村改革的先驱、中国农村家庭联产承包责任制的倡导者，曾有"中国农村改革之父"之誉。1913年7月出生于山西省太谷县（今晋中市太谷区）。历任中华民族解放先锋队总队区队长、宣传部部长，晋冀豫抗日义勇军三支队队长，中共太行区党委宣传科科长，冀南太行太岳行政联合办事处教育处处长，晋冀鲁豫边区政府委员、太行山六分区专员、太行山二分区专员、太行区党委城市部太原城委书记、太行行署副主任，中共中央中原局秘书长，中共中央华中局秘书长，中共豫皖苏地区四地委书记，中共中央中南局秘书长兼政策研究室主任，中南局军政委员会土改委员会副主任，中共中央农村工作部秘书长兼国务院农林办公室副主任，国务院科学规划委员会办公厅副主任，中国科学院秘书长兼党组副书记,国家农业委员会副主任,中共中央书记处农村政策研究室主任兼国务院农村发展研究中心主任等职。系中共十二大与十三大代表、第二届全国政协委员、第六届全国人大财经委员会委员。当选过中共中央顾问委员会委员、中共中央财经领导小组成员、中国农学会名誉会长、中国农业经济学会理事长、中国合作经济学会会长、中国国土经济学研究会理事长。受聘过中国人民大学兼职教授、中国农业大学名誉教授。

他在北平"一二·九"运动中参加过学联，领导学生运动；抗日战争期间，从事敌后抗日武装斗争和民主政权的领导工作；中华人民共和国成立后，参与过新中国历史上最初的包产到户试验，曾长期参与中国农村问题的决策制定工作；改革开放后，他主持起草了改变中国农村历史的中央"一号文件"，创造性提出"家庭联产承包责任制"。

这位农村改革重大决策参与者和亲历者，就是被誉为"中国农村改革之父"的杜润生。

中国的农村改革是一件举世瞩目的大事。这一改革是从中共十一届三中全会后正式开始的，它不仅使中国农村面貌发生了深刻的变化，而且推动了城市以至整个国民经济体制的巨大变革。农村改革以家庭联产承包责任制为突破口，通过它破除了长期存在的"一大二公"、权力集中的人民公社管理体制，摈弃了平均主义和吃"大锅饭"的分配办法。这是经济领域内的改革，更是政治思想领域内的一次伟大解放。中国农村改革的成功给农村带来天翻地覆的变化，杜润生功不可没。

2015年10月9日清晨6时20分，一代农村改革经济学家杜润生病逝，享年102岁。杜润生与"要吃米，找万里"的万里并称为"农村改革的先行者"。相关农村研究学者闻听消息后感叹："不到半年，中国农村改革的两位先行者万里和杜润生先后去世,这预示着一个时代的落幕。"

"小脚女人"的革命与被革命

杜润生是山西省太谷县阳邑村人,出身于一个破落的富农家庭。"祖父原来是经商的好手,但家业传到我父亲手上时,已日渐式微,几笔失败的生意使得家道中落。"更悲哀的是,杜润生13岁丧父,14岁丧母,小小年纪就饱尝了丧亲之痛。

面对生存的压力,杜润生发誓要好好读书,将来重新整顿家业,使祖辈的事业发扬光大。他在舅父的帮助下读完了小学,于1927年考入太原国民师范学校。时值北伐战争结束,三民主义未能实现,各党派都宣传自己的主张。杜润生曾寄希望于国民党改组派,但其成员在野时讲革命,一旦当了官就腐化,令青年们大失所望。蒋介石对内加紧镇压革命,九一八事变后却对日军采取不抵抗政策,反动面目原形毕露。经过冷静的观察,杜润生感到真正为中华民族实干的只有共产党。在抗日救亡运动中,杜润生很想靠近共产党,但苦于找不到组织。他与其他青年自发组织了一个"九一八读书会",发动群众抵制日货,开展抗日宣传。后来,学校成立学生会,他积极参加,并成为骨干。

在共产党的影响下,太原学生运动纠正了自流现象,把斗争锋芒对准国民党反动分子。太原国民师范学校校长梁先达和教育所所长苗培成，是国民党山西省党部委员，压制学生抗日运动，于是学生们发动驱逐梁、苗二人的斗争，组织了包围省党部的请愿活动，杜润生是学生代表之一。军警当场开枪，打死1人，打伤10余人，杜润生也受了伤。惨案教育了民众，也更加坚定了杜润生参加共产党的决心。1932年10月，杜润生先后加入了共产党的外围群众组织抗日反帝同盟会和社会科学家联盟。

驱梁学潮发展到反对当时统治山西的军阀阎锡山，于是遭到镇压，杜润生被通缉，他只好到乡下躲避一段时间。1933年他来到北平，后考入北平师范大学文史系，一面学习，一面从事学生运动。1935年，因被同乡告密，杜润生遭到逮捕，关押数月后被释放出狱。在"一二·九"运动中，他是学联代表，后任中华民族解放先锋队总队区队长、总部宣传部长。1936年夏季，杜润生加入中国共产党。

抗日战争全面爆发后，杜润生在太行山地区参加抗日游击战争，投身根据地政权建设。他历任晋冀豫抗日义勇军三支队队长，太行区党委宣传科科长，冀南太行太岳行政联合办事处教育处处长，晋冀鲁豫边区政府委员，太行山六分区专员和二分区专员，太行区党委城市部太原城委书记，太行行署副主任等职。

解放战争中，杜润生随刘邓大军南下，参加了挺进大别山的战斗。后来，他投入淮海战役，参与领导所在地区的土地改革运动，先后担任中共中央中原局秘书长，中共中央华中局秘书长，中共豫皖苏地区四地委书记。

新中国成立初期，他担任中共中央中南局秘书长兼政策研究室主

中国农村家庭联产承包责任制的倡导者杜润生

任，中南局军政委员会土地改革委员会副主任。在领导中南新区的土地改革运动中，杜润生提出了分阶段进行土改的主张，即普遍发动群众、剿匪反霸、建好农会组织，再转入分配土地。他还提倡下乡参加土改的干部与群众同吃、同住、同劳动，以利于党的基层组织建立在贫苦农民的阶级基础上。

1950年初，中共决定召开全会讨论土地改革。这一年，为起草土地改革报告，37岁的中共中央中南局秘书长杜润生两次被召到中南海，杜润生在中华人民共和国成立后第一次见到毛主席。毛泽东得知杜润生是山西人后，说："自古三晋之地，人才辈出，三皇五帝，建都、打仗在此发迹。八路军也是在山西壮大的。"毛泽东还指着杜润生说："你们杜家出人才，历史上杜预、杜佑、杜甫等，有好几位姓杜的。"毛泽东这一番话，让杜润生感到一下子拉近了与主席的距离，消除了陌生感。接着，杜润生向毛泽东汇报了中南地区土地改革的打算。遵照毛泽东的指示，杜润生将有关打算写成报告送中央研究室，毛泽东曾亲自批示。

杜润生回忆说："通过两次会面，我感觉毛主席平易近人，很和气，注意听取别人的意见，具有既坚持原则，又从善如流的大政治家风度。""毛主席同意了我们一条意见，否定了我们的另一条意见。"

多年后杜润生反思土改，他说，在土改中消灭富农的政策需要重新评估，"我们应承认，当时土地改革对保护劳动者财产利益，没有严格依法执行，留下了不利影响"。

杜润生在土改中的表现给毛泽东留下了深刻印象。1953年，杜润生被上调北京，担任刚刚成立的中央农村工作部秘书长一职。邓子恢任部长。在他们向毛泽东报到时，毛泽东即明确交代，农村工作部的主要任务是推行中央关于农业生产互助合作的决议，配合国家工业化的发展，逐步引导农民走向集体化的道路，完成对个体农业的社会主义改造，同时还要求他们与农业、林业、水利和合作部门的党组建立经常的联系，代表党委对他们的工作加以具体指导，同时要深入农村进行调查研究，为中央制定"三农"工作的方针政策提供依据。

在农业合作化运动的初期，按中央决议推进农民的互助合作，邓子恢和杜润生提出的一些意见，毛泽东开始也是接受和支持的。但后来农村建立合作社的发展势头非常迅猛，他们跟不上毛泽东决策的变化，和毛泽东出现分歧。主要表现在：第一，毛泽东主张发展农业生产合作社的速度要快，他们则主张慢一点，在不同的发展阶段要控制建社的数量；第二，在中南局土改结束以后，他们提过给农民经济活动的自由，就是商品交换的自由、借贷自由、雇工自由和租佃关系的自由，即"四大自由"，毛泽东认为这是资产阶级民主革命派的主张，缺乏清算；第三，关于合作社的形式，他们主张搞多样化，不要限于一个形式。所有这些，毛泽东都不接受，认为是右倾错误。

1955年7月，毛泽东在各省、市、自治区党委书记会议上指出：在全国农村中，新的社会主义群众运动就要到来。我们的某些同志却像一个小脚女人，东摇西摆地在那里走路，老是埋怨旁人说：走快了，走快了。不点名地批评了邓子恢和他领导的中央农村工作部。1955年10月，中共中央召开扩大的七届六中全会。会上，毛泽东及中央主要领导人点名批评了邓子恢和杜润生。全会上，邓子恢和杜润生被迫分别做了检讨。

七届六中扩大会议结束后一年时间，中国农村就基本实现了"合作化"。从1953年起计划15年完成的事情，3年时间就完成了。而邓子恢和杜润生却被"闲置"起来。几年以后，中央撤销了农村工作部。

被解除职务的杜润生本来要被放到基层，中央组织部部长安子文惜才，将其留下。1956年，杜润生被调入中国科学院工作。在这里，他接触了许多科学家，把不同科学综合进了自己的农业发展思想中。其间，他主持起草过曾被誉为"科学宪法"的"科学十四条"。

"文化大革命"中，杜润生成为科学院第一批被打倒的人，开除党籍，撤销公职，而且扫地出门，被赶到一个破旧的小屋中暂住。尽管遭受严重折磨，但是他对中国的革命和建设事业有充分的信心，从不悲观失望，"对农村问题总是念念不忘，一面自我检查，一面作为旁观者不断反思，向历史实践寻找答案，渴望水落石出，看出究竟"。

这番经历给了杜润生静心博览群书、学习马列经典著作、深入实际调查研究和体察民情的机会，塑造了他此后参与和领导农村政策研究的风格。晚年，杜润生在对"大跃进"和人民公社的评述中，反思自己最初赞同的理由和做过的讲话，并未因为后来经调查研究便不再"跟风"而文过饰非。

首个中央涉农"一号文件"诞生的阵痛

波澜壮阔的中国改革事业，发端于农村。改革开放以来，围绕农业、农村、农民问题，中央出台了一系列重要政策文件，包括数个中央全会文件和 10 多个中央"一号文件"。在不同历史阶段，中央农村工作文件准确把握保护农民物质利益、尊重农民民主权利、不断解放和发展社会生产力的改革主线，加速了城乡协调发展的历史进程。这些有关"三农"的中央"一号文件"，记录了农村改革前进的步伐，闪烁着农民首创精神的光辉，也彰显出中央对"三农"问题的重视程度。

改革开放初期，中央农村工作文件起草时一般都是先分门别类下去调研，还常常委托地方和外单位调研，广泛听取干部群众的意见。起草、汇报、研究政策措施……最终由决策层定下来。

1982 年 1 月 1 日，中共中央发出第一个"一号文件"，对迅速推开的农村改革进行了总结，并对当年和此后一个时期农村改革和农业发展做出了具体部署。之后，连续 4 年的中央"一号文件"都是关于农村政策的。1982 年首个"一号文件"突破了传统的"三级所有、队为基础"的体制框框，明确指出包产到户、包干到户或大包干"都是社会主义生产责任制"。这个文件不但肯定了"双包"（包产到户、包干到户）制，而且说明它"不同于合作化以前的小私有的个体经济，而是社会主义农业经济的组成部分"。那么，首个"一号文件"

杜润生 | 家庭联产承包责任制的幕后推手

杜润生在江苏如东考察

是如何诞生的呢？

中国改革发端于以包产到户为标志的农村改革。然而，十一届三中全会审议通过的《关于加快农业发展若干问题的决议》仍规定"不许包产到户"。改革起点的两个标志事件竟然是不等式，其中斡旋的推手便是杜润生。

"四人帮"被打倒后，阴霾散去，当农村工作需要他时，杜润生第一时间站到了工作岗位上。国家新成立了国家农业委员会（简称"农委"），杜润生因为有农村工作经验，被任命为副主任。虽然身心都遭遇重创，平反后的杜润生只是感慨浪费了10年时间，他只争朝夕地工作，争取为党多作一份贡献。

对于年已66岁而重回阔别23年之久的农业口，杜润生曾这样回忆："为什么调我回农口呢？我想可能是党的十一届三中全会决议要加强农业，纠正过去'左'的东西。……1955年，我犯右倾错误，当时中央组织部部长安子文批评我：农民观念数你强，了解情况材料数你多，就是政治上弱，看不清大风向。现在风向在变，也许因此而调我到新成立的农委工作。"

初回农委工作，有同志好言相劝，要杜润生紧跟党中央，接受邓子恢当年的教训，不要搞包产到户。另外一些同志则说，包产到户势在必行，只是个时间问题。虽然长期离开了农口，但身离心不离，依然熟悉农村情况、敢于替农民讲话的杜润生毅然选择了支持农民这一伟大的创举，坚信"野火烧不尽，春风吹又生"。

在高层，包产到户依然是一个非常敏感的问题。1980年在中央长期规划会议上，杜润生借机提出先在贫困地区试行包产到户。他说："贫困地区要调那么多粮食救济，交通又不便利，靠农民长途背运，路上就吃了一多半，国家耗费很大，农民所得不多。建议在贫困地区搞包产到户，让农民自己包生产、包肚子，两头有利。"

这个建言得到时任国务院副总理的姚依林的支持，随后邓小平也发话表示赞同——在另一次谈话中，邓小平还赞扬了安徽肥西县的包产到户和凤阳的大包干。

1980年9月，杜润生受中央委托，在中央召开的省委第一书记会议上发言，为国家农委代中央草拟的《关于进一步加强和完善农业生产责任制的几个问题》的文稿作说明，着重谈处理好包产到户问题。杜润生在发言前，包产到户问题会上发生了激烈的争论：公开赞成的是辽宁的任仲夷、内蒙古的周惠、贵州的池必卿等，这是少数；多数表示沉默；有的还坚决反对。反对的人说："包产到户是条独木桥。我们不走这条独木桥。"池必卿则针锋相对地说："你走你的阳关道，我走我的独木桥。"

据杜润生回忆，会议休息当中，一位同志拉住他说：包产到户，关系晚节，我们有意见不能不提，留个记录也好。意见严重不统一使得会议无法继续。

随后，杜润生发言，只有2000多字。他的发言深入浅出，言简意赅，共分8条，对包产到户的由来、性质和好处都讲了，其中最突出的是他海纳百川，把各方的意见兼容并包，机智地选择了避开争论，在最易统一双方认识的三个问题上做文章：

一是强调尊重农村干部勇于探索和农民群众自主选择权。对农民，他很有针对性地说："必须坚持社会主义方向，但要从实际出发，联系农民，照顾农民要求，以便于更好地引导农民前进。""如果群众自发搞包产到户，就应积极去领导，而不可顶牛或放任自流。""不该搞而搞了的不要硬纠。""还有些是需要搞而没有搞的，任群众自主选择，以免与群众对立。"对干部，他说："鼓励解放思想，调查研究新情况、新问题，勇于探索，言者无罪，兼听并收。"

二是他既阐明包产到户、包干到户是社会主义经济的一种责任制的道理，但又不强加于人，明确提出："这个问题上一些不一致的认识，可留待实践中解答。"

三是他阐明在全国各地都程度不同地暗中搞起来的包产到户，是解决长期以来没法解决的燃眉之急——温饱问题——的好办法。他说："集体经济办不好，群众不积极。群众不积极，集体经济更办不好，形成恶性循环。包产到户可以作为一种对恶性循环的突破，不失为较好的选择。调查表明，实行包产到户后，大多增产。"

当时哪个省的一把手敢说自己省里没有温饱问题要解决的呢？于是，听了杜润生的发言，相持不下的各省一把手们，对包产到户问题采取了妥协折中的态度，很快通过了代拟稿。

最终形成后来著名的"75号文件"（即《中共中央关于进一步加强和完善农业生产责任制的几个问题的通知》）：在边远山区和贫困落后地区，群众"要求包产到户的，应当支持群众的要求，可以包产到户，也可以包干到户"。还提出：非边远山区、贫困落后地区"已经实行包产到户的，如果群众不要求改变，就应允许继续实行"。这就改变了此前中央文件规定的"两个不许"（不许包产到户，不许分田单干），也比随后中央文件规定的"一个不许"（不许分田单干）"一个不要"（不要包产到户）大大前进了一步。

这年12月召开的中央工作会议上，邓小平发表讲话肯定了"75号文件"的制订，但当时农村改革刚刚开始，"只有三分之一的省干起来"，其他"就有不同意见"，没能执行。特别是中央领导班子的调整尚未完成，指导农村改革的思想不尽一致。一些报纸甚至发表文章批评"包产到户"。因此，"75号文件"受到局限。

中国改革率先从农村突破的背后

1981年6月29日，中共十一届六中全会通过了《关于建国以来党的若干历史问题的决议》，对毛泽东的是非功过做出了正确结论，并完成了以邓小平为核心的第二代领导集体班子的组建。新的中央领导班子主持工作后，针对国际国内形势，迅速着手进行农村改革。

7月18日，杜润生向国务院副总理、国家农委主任万里汇报农村工作时，万里对杜润生说，中央"75号文件"中的有些内容给极左的人和不实事求是的人撑了腰。比如说"我国多数地区集体经济是巩固的或比较巩固的"，农业改革在一些地区要突破人为障碍的问题，还没有完全解决。万里提出，要考虑制订新的文件。

7月31日，胡耀邦阅批了一期《国内动态清样》，并对万里说：

"我考虑今年九十月要再产生个农业问题指示,题目可叫'关于搞好明年农业生产的几个问题'。请考虑是否叫农口同志先酝酿一下,如杜(指杜润生)。再下去考察前,也可找他先谈一次。"

这年,杜润生组织了17个联合调查组,分赴15个省调查包产到户。来自安徽的调查组报告说:包产到户是"农村的曙光,中国的希望"。这一年全国有161万个生产队包产到户,占生产队总数的32%。调查中许多农民的淳朴话语给杜润生留下了深刻印象。江苏的农民说:"不怕累,就怕捆。"石家庄一先进大队的农民说:"原来是把大家都拴在一个槽上,挤在一起吃那一点草料,管吃不管饱,自己找点东西吃都不让,只能一起饿肚子。"农民实践探索出来的适合生产力发展要求的产权形式,却久久得不到承认,这场观念的交锋,在当时中国产生的思想冲击,让杜润生回味悠长。

8月4日,胡耀邦找杜润生谈话,布置了文件起草工作,并特别提出了文件要写政策放宽问题。胡耀邦指出:我国农业从1978年以来的好转,主要得力于党的十一届三中全会出台的加快农业发展的25条政策,要继续放宽政策。最后要求文件能于11月上旬提交中央拟召开的工作会议讨论。

9月上旬,国务院领导布置国家农委召开安徽、浙江、黑龙江、贵州等省农口负责人和滁县、嘉兴等地区主要负责人参加的座谈会,就文件起草的问题进行了讨论。会上,滁县和农业部的同志发生激烈争论。当时,全国各地"包产到户"的队已占32%,争论的焦点集中在下一步该怎么办。一种主张是维持中央"75号文件"的框子,不再扩展；一种则主张只要农民愿意，就不要限制其发展。这一争论，涉及的深层次问题是"包产到户"究竟姓"资"还是姓"社"的问题。

10月4日至21日，中共中央召开了农村工作会议，各省主管农村工作的负责人都到会参加。其间，中央书记处在10月12日还专门接见了会议代表，一起讨论了文件草稿。文件草稿肯定了杜润生倡导的土地家庭承包经营制度。

在讨论中，胡耀邦针对"包产到户"究竟姓什么的争论指出：现在有一个问题，文件需要讲清楚，这就是农村改革与"包产到户"，并未动摇农村集体经济。可是有些干部、群众总是用习惯语言，把改革说成是"分田单干"，这是不正确的。责任制用了"包"字，本身就说明不是"单干"。土地是最基本的生产资料，坚持土地公有没有变，只是"包"给农民，而不是"分田"，这应向干部和群众进行宣传解释，说明我国农业坚持土地公有制是长期不变的，建立生产责任制也是长期不变的。最后，文件草稿由各省带回去，经过省里讨论，并根据各省意见进行修改定稿。

12月21日，中央政治局召开会议，讨论通过了修改意见稿，并定名为《全国农村工作会议纪要》。当这个文件在中央政治局获得通过后，杜润生找到胡耀邦等人，建议将这个文件安排在1982年的元旦发出，成为新年的第一号文件，以便引起全党和全国重视。胡耀邦等人当即表示赞同，胡耀邦随后签发了这个文件。

于是，1982年1月1日，中共中央批转了《全国农村工作会议纪要》，指出农村实行的各种责任制，包括小段包工定额计酬，专业承

大 国 小 康

杜润生一贯认为,建设社会主义新农村的关键是培育一代又一代的新农民。图为他在为江苏农村题词

包联产计酬，联产到劳，包产到户、到组，包干到户、到组，等等，都是社会主义集体经济的生产责任制。这样，"中发[1982]1号"文件便诞生了，正式肯定了土地的家庭承包经营制度，结束了对包产到户长达20多年的争论。

据杜润生回忆，一些中央领导起初不赞成包产到户。"一次，在甘肃召集农业农村工作会议，王任重会上又提反对包产到户，宣扬集体经济的优越性，报纸上也发表了。以后，王任重调离农业部，任中宣部部长。离任时，我俩恳谈了两个小时，最后他表示：作为过渡形式，他同意包产到户，前提还是应坚持集体化。他的认识此时已有变化，但已离开农口。"

"1982年这个文件的核心，是第一次以中央的名义取消了包产到户的禁区，尊重群众的选择，并宣布长期不变。文件的另一要点是尊重群众的选择，不同地区，不同条件，允许群众自由选择。"杜润生回忆说，"这个文件报送给中央，邓小平看后说'完全同意'。陈云看后叫秘书打来电话说：这是个好文件，可以得到干部和群众的拥护。"

这一文件的重大意义在于初步说明了"包产到户"不姓"资"，并强调要进一步注重放宽农村政策。当时农民称中央的"一号文件"好比让他们吃了一颗"顺心丸"。这个文件发布后，到11月统计，全国实行"双包"的生产队占到78.8%。1982年的农业总产值比上年增加11.2%。

当时，胡耀邦说：农村工作方面，每年搞一个战略性文件，下次还要排"一号"。于是，此后4年，每年元旦都发一个关于农村问题的中共中央文件。

第一个"一号文件"打破了政策坚冰，但是很多实际问题接着涌现出来，亟待回答。比如允许不允许私人购买拖拉机，农民能不能倒买倒卖长途贩运。再比如雇工已经出现，政策是否允许，等等。今天看来，这些都不成为问题了，但在当时则属于争议极为激烈的大政方针。为了解决这些现实问题，杜润生又指挥部下展开紧张的调研，在各地召开一系列会议讨论研究，并且继续争取最高层的支持，起草新的文件。

1983年1月，中共中央发布第二个"一号文件"《当前农村经济政策的若干问题》。文件要求继续完善和稳定家庭联产承包责任制，要求搞活农村工商业，放宽农村流通领域政策，促进农业生产向商品生产转化。农民完成统购统派任务后的产品，私人也可以经营买卖，可以进城，可以出县、出省。允许农民个人或合伙进行长途贩运。允许农民个人购买农业机械。对农村工商个体户的政策，参照城镇个体经济的政策执行。农村的基础设施，也可以由农民个人或合股兴办，实行有偿使用。

1984年1月1日，发布第三个"一号文件"，即《中共中央关于一九八四年农村工作的通知》。文件宣布了一个农民极为关切的内容："土地承包期一般应在十五年以上。生产周期长和开发性的项目，如果树、林木、荒山、荒地等，承包期应当更长一些。"文件要求疏通城乡流通渠道，允许农民资金自由流动，发展农村商品生产，放宽农村雇工政策。对于雇工超过规定人数的,"可以不按资本主义的雇工经营看待"。文件要求制止对农民的不合理摊派,减轻农民负担,鼓励农民进入城镇务工,改变"八亿农民搞饭吃"的局面。这是鼓励农民脱离耕地进城务工的最早的文件。以上文件发布之后,温州纠正了当初压制农民搞私营经济的做法,给"八大王"恢复了名誉,称赞"八大王"是发展商品经济和搞活流通的能人。

1985年1月1日发布了第四个"一号文件",即《中共中央、国务院关于进一步活跃农村经济的十项政策》。十条中,最重要的是第一条"改革农产品统购派购制度",标志着农村经济进入商品经济发展新阶段。

1986年1月1日,发布了《中共中央、国务院关于一九八六年农村工作的部署》。这是第五个"一号文件"。1985年,农产品产量下降,农民收入增长缓慢了,一些人对农村改革产生了质疑。针对这种情况,文件强调了要坚持改革、依靠改革解决农业生产中遇到的问题。文件重申要以农业为基础,提出了增加农业投资和水利投资、提高和改善农业技术、加强服务等一系列政策措施。

这五个连贯发布、指导农村改革和发展的"一号文件",其主要精神分别是:1982年,正式承认包产到户的合法性;1983年,放活农村工商业;1984年,疏通流通渠道,以竞争促发展;1985年,调整产业结构,取消统购统销;1986年,增加农业投入,调整工农城乡关系。五个"一号文件"可圈可点,总的方向是一步步消除"左"的束缚,解放农民和农村生产力,从而为中国农村的现代化奠定了最初的政策基础。作为中共中央书记处农村政策研究室主任兼国务院农村发展研究中心主任，杜润生主持起草了这几个有关农村政策的文件。每年年初布置调查题目，秋季总结，冬天起草文件，次年年初发出。

杜润生认为：我国农村人多地少，小农经济是我国实现农业现代化的主要障碍。我国唯有实施城镇化战略，将农村的剩余劳动力转移到二、三产业中去，才是实现农业现代化的唯一出路。为此，杜润生首先提出了农村城镇化这个大的战略问题，他极力主张大办乡镇企业。中央1984年的四号文件和五个"一号文件"中的第三个"一号文件"就是解决这一问题的。自1982年起全国各地的乡镇企业"异军突起"，大批农村青年农民离土不离乡到乡镇企业里务工。这样一方面增加了农民的非农业收入，另一方面又为农业的规模、产业化经营创造了条件。加快农村剩余劳动力转移，实施城镇化战略是全面建设小康社会和实现农业现代化的必由之路。

杜润生由于长期从事我国的农村工作，有深厚的"三农"工作底蕴。他反复强调农研室的工作一定要代表最广大农民的愿望和要求，要推动和促进农业生产的发展。因此，农研室逐步形成了"三个一"的工作方法：一是组织大批工作人员深入农村调查研究（每年用半年时间下乡），了解农民在想什么，干什么，他们有些什么要求；一是代中央起草一个文件，根据农民群众的愿望和要求提出当年的农村改革方针政策；一是每年召开一次农村工作会议，讨论修改文件。真正做到鼓励发表不同意见，真实反映农村情况。

20世纪80年代，五个"一号文件"启动了中国农村发展的第一个重要时期。主要拉动力是农民首创的家庭联产承包责任制。它极大调动了农民生产积极性，集中释放了压抑已久的农村社会生产力，一举解决了中国人吃饭问题。从1980年至1985年，农民收入年增长率超过10%。这五个"一号文件"之后的一段历史时期，中央每年都要对"三农"工作进行研究，出台相关文件。特别是1993年中央农村工作领导小组成立以后，每年都要召开中央农村工作会议。

杜润生这样总结当年五个"一号文件"的历史使命："中国农业的进一步改革，受制于城市国有经济改革和政治体制改革。用当时的一句话来讲，就是对于中国农村改革，一切'便宜'的项目已经出台，不触动深层结构，再不能向前进一步了。正是这个原因，农村改革初期一系列'一号文件'的历史使命也告一段落。……中国农村改革并未终结，还需从国民经济全局改革中寻找前进道路。"晚年的杜润生已倦于回顾自己对"包产到户"的作为，他说那是农民自己的发明。

2004年以来的接连几个中央"一号文件"，以科学发展观为主线，以多予、少取、放活为方针，以全面建设小康社会为目标，对农民实行免税和直接补贴，开启了以工促农、以城带乡的新阶段，实现了工业反哺农业、城市支持农村的战略转变。受一系列惠农政策的支持，我国"三农"工作出现重要转机，粮食连年丰收。

耄耋之年的脑子里有两个问题放心不下

杜润生一生重视调查,即使是在古稀之年,依然带领着一帮年轻人奋斗在中国的乡村。

1989年,76岁的杜润生离开了领导岗位。但他仍然情牵"三农",为进一步深化农村改革呕心沥血。晚年,他坚持每天清早8点半就来到办公室,这是他规律生活中最重要的一部分。

2001年5月,杜润生在《农村工作通讯》创刊45周年座谈会上呼吁给农民平等的国民待遇。他说,现在很多现象可以作为农民没有取得平等的国民待遇的注解:一、几十年来,农民没有自由迁徙的权利。想离开农村,改变身份,非常困难。这种情况全世界少见。二、受教育的权利……他掐着指头一口气点评了10个方面。"我想了一下,说以上10条。这都显示农民和市民相比,享受的国民待遇也有差别。而且这些问题存在不是一天,存在几十年了,得不到纠正。经济学上说有一个'制度惯性',变成路线依赖。所以谁也不敢动,甚至没有人去反映。即使反映,长期得不到解决,习以为常。这样下去会带来社会问题,希望'十五'能有所解决。"杜润生半个多世纪的思考和行动,正好与中国农民的这种生存轨迹有关。

尽管已是耄耋之年,但是杜润生念念不忘"三农",谈得最多的有两个问题:一是改变城乡二元结构,让农民平等享有国民待遇;二是建立农民协会,这是今后新农村改革与发展的取向。90岁的时候,他曾对自己的老部下王岐山等人说，还有两个心愿没有完成："一是再转移1亿农村劳动力到非农产业和城镇；二是恢复农民自己的组织，即农民协会，使农民有充分的话语权。连孩子都有少先队，妇女有妇女会，青年有青年团、青联，工人有工会，唯独不让农民组织起来，是不公平的。"

早在1981年2月11日，在青年们自发组织的中国农村发展问题研究组成立会上，杜润生就讲："农民受苦，中国就受苦。""中国的农民对我们真是太好了，从民主革命开始，他们就万众一心地支持共产党。老解放区农民推着小板车支援前线，一直推到胜利。"

杜润生认为，中央要长期稳定土地使用权和家庭承包制，发展新的整合方式，在家庭承包制的基础上，引导农民发展新的联合与合作，既维护农民的个人财产，也发展公共产品，加快农业现代化步伐。"中国最大的问题是农民问题，农民最大的问题是土地问题。改革开放从农村起步，最重要的就是实行了家庭联产承包责任制，解放了土地和劳动力。"他说，农村政策当然要保持长期不变，但仅仅长期不变还不够，还要在稳定现行土地政策的基础上，允许土地的合理流动，允许农民有偿转让土地的使用权。"在当前最重要的就是要培育土地流转市场，保障农民土地承包权的流转权不被基层政府侵害。"

晚年，杜润生看到中国城乡差距逐渐拉大的事实，多次建议国家增加对农业的财政支持，并给农民完全平等的国民待遇，赋予农民长期并有法律保障的土地使用权、收益权、转让权和处置权。与此相联系，他提倡依照宪法规定，重视保护农民土地财产权利，整顿土地市场，规范国家征地、企业用地，防止来自任何方面的侵犯。

2008年，中共十七届三中全会做出《中共中央关于推进农村改革发展若干重大问题的决定》，再次拉开中国农村土地制度改革的大幕：将土地承包制从长期不变改为长久不变，允许农民以多种形式流转土地承包经营权。很多人看到了此间蕴含的能量，认为它是解放农村生产力的又一次巨大推动，它的突破性不亚于当年杜润生主持草拟的"一号文件"。

杜润生强调，要真正解决农民问题，让农民富起来，关键还在于城市化，要"把更多农民变为市民"。他说："经验证明城市化率上不去，农村要富起来是不可能的。"

当然，曾经参与启动中国农村改革的杜润生对改革开放以来的发展成就感到自豪。"农村改革开放取得举世瞩目的成就，除了党的领导，主要是依靠农民的努力和创新。"他说，"如今，农民已经有了经营土地的自主权，加上市场交易自由，接下来就是政治上的民主权利要跟上。我们不该简单地把农民当成一个农副产品的供给者。"

杜润生善于培养后进，一生桃李满天下，所带的学生后来大都已经成为国之栋梁，如王岐山、林毅夫、陈锡文、周其仁、杜鹰、朱厚泽、翁永曦、黄江南等。他的门生陈锡文曾在他百岁生日时致辞，称其为"中国农村改革的策划者、开发者、原创者"。周其仁曾经这样评价他的恩师杜润生：他拥有厚实的农村、农民和多方面的知识，但一辈子注重调查研究，对新情况、新问题永远抱有强烈的求知欲望。

杜润生从不放弃原则，但更擅长协调和妥协，尽最大可能发现可为各方接受的共识空间。他具有远见卓识，又一辈子从实际出发。有人评论说，由于这些合金般的品格组合，杜润生在农村改革过程中，充分发挥了无与伦比的说服力、感召力和协调力。

2008年11月23日，首届中国经济理论创新奖揭晓，这是中国经济学界第一次大规模的民主投票，148位中国知名学者通过投票得出一个结论：过去30年里，对中国现实影响最大的原创经济理论，是农村家庭联产承包责任制理论。有"中国农村改革之父"之誉的杜润生及当年麾下中国农村发展研究组被视为此理论的主要贡献人。

耀眼的灯光中，95岁高龄的杜润生颤颤巍巍地被人扶到主席台上，领取中华人民共和国成立以来首届经济学创新奖。毫无疑问，杜润生是家庭联产承包责任制真正的幕后推手，是首屈一指的农村经济学大家。然而，他说："联产承包责任制是中国农民的经济学创造，我只是起到了理论调查和整理的作用，这个奖项应该颁给广大的中国农民。"这位一生致力于农村改革和农业发展的老人在荣获经济学创新奖时，依然念念不忘农民兄弟。

曾有农民说"杜润生对农村改革立了大功，是农民的恩人"，农村干部说"杜润生是农村改革的参谋长、方面军指挥员"，等等。对此，杜润生连连摆手，谦逊地说："我只做了我应该做的工作。"

杜润生晚年因患白内障而视力弱，并且有手抖、耳背的疾病，但是他头脑清醒，每天通过多种渠道接纳新鲜事物和信息，许多经济学家、农村干部与他保持着密切联系，他的思维与时俱进，非常前卫。

杜润生提倡农业科技进步和可持续发展，他反对以破坏资源、破坏生态环境为代价谋求农村经济增长。他认为农村人才的培养到了刻不容缓的地步："没有农民的现代化，哪来农村的现代化？"

杜润生曾这样回顾自己的一生："我苦劳多，功劳少；右倾的时候多，'左'倾的时候少。争取在可能的情况下，做一些有益于人民的事情，无愧地走向生命终点。"杜润生的生肖是牛，他的一生恰似探索农村改革的孺子牛，一生历经坎坷，任劳任怨，始终默默耕耘。

2015年10月，改革风云人物杜润生走了，带走了一个时代。

马洪

为中国国情开"良方"

MA HONG

大国
小康

MA HONG

马洪，原名牛仁权，曾用名牛黄、牛中黄，著名经济学家，中国经济决策咨询战线开拓者。1920年5月出生于山西定襄。历任延安中央研究院政治研究室研究员、学术秘书，《共产党人》杂志编辑，宁城县委书记，冀察热辽分局秘书处处长，东北局政策研究室主任，东北局委员、副秘书长，国家计划委员会委员兼秘书长，国家经济委员会政策研究室负责人，化工部第一设计院副院长，北京石油化工总厂设计院副院长、石化总厂基本建设指挥部副总指挥，中国社会科学院工业经济研究所所长，中国社会科学院副院长、院长，国务院经济技术社会发展研究中心总干事，国务院发展研究中心名誉主任；当选过中共第十二届中央候补委员，中共第十三大、十四大代表，第七届全国人大常委会委员兼财经委员会副主任。

2020年5月13日,是著名经济学家、中国经济决策咨询战线开拓者马洪100周年诞辰。他一生经历了艰苦卓绝的革命年代、筚路蓝缕的社会主义建设时期和与时俱进的改革时代,对中国的革命、建设和改革都作出了重要贡献。晚年的他白发稀疏,或深或浅的皱纹打上了岁月的印痕,曾以迟缓而低沉的声调述说着一个个人生传奇、一个个经济学之谜。步入耄耋之年后,尽管身患帕金森病,行动有些不便,需要有人搀扶,但马洪的思维依然敏捷。

陈云给"不吱声的小调皮""赐名"

2005年3月,首届中国经济学奖颁奖典礼在北京人民大会堂举行,该奖被认为是中国经济学的"诺贝尔奖",是中国规格最高的经济学奖项。21位专家组成的评委会参照"诺贝尔经济学奖"的评选程序,经过对候选人资料的认真审核与反复磋商,最终投票产生了首届中国经济学奖"杰出贡献奖"的4位获奖人——薛暮桥、马洪、刘国光、吴敬琏,每位获奖者获得30万元奖金。

中国经济学奖是国内第一个也是唯一一个授予个人、对个人长期成就进行奖励的经济学奖项,其宗旨在于通过奖励在经济理论、政策及研究方法等领域作出杰出贡献的中国学者,促进中国经济理论研究的繁荣和政策制定水平的提高，普及经济领域的基础知识，为我国经济的健康发展作出应有的贡献。马洪受之无愧！

马洪是我国著名的经济学家之一，其主要研究领域是马克思主义政治经济学、经济改革、经济结构、经济发展战略、工业管理和企业管理，横跨经济学和管理学。他是中国市场化取向改革的积极倡导者和推动者之一，也是较早提出和支持"社会主义商品经济"和"社会主义市场经济"论点的学者之一。让人惊诧的是，马洪当年并不是学经济学的，他说，"我是先从事经济工作的，是没有办法才走上这条船的"。

马洪，原名牛仁权，曾用名牛黄、牛中黄。很小的时候，牛黄总是沉默寡言，村里的人常常看到他一个人玩泥巴、爬草堆或沿着一条蜿蜒的小沟渠慢慢前行，后来人们才渐渐地发现这是一个不爱讲话只爱动脑子的孩子。

尽管小时候牛黄不动声色，却机灵得很，用大人的话说是"不吱声的小调皮"。谁要是欺负了他，他准会不声不响地采用巧妙的手法进行报复。有一次，一个比他高一头的男孩欺负了他，他当时没有说什么，等到傍晚的时候，他爬上路边的一棵大树，等到那男孩放学经过时，用一颗带刺的果实向他砸去，那男孩被突如其来的果实刺得直叫，却不知"暗箭"来自何方，急得哭了起来，牛黄过后却悄悄从树上下来，大模大样地走了。

小牛黄常常默不作声地扎到成人堆里听他们聊天，尤其喜欢听人讲打仗的故事、周边发生的新闻。他一边听着，一边用手在地上画着

著名经济学家马洪

什么。有一次，父亲问小牛黄："你将来最想做的事是什么？"牛黄笑了笑，说："读书！"

18岁那年，牛黄来到了革命圣地延安。在延安时，为派往外地做秘密工作的需要，当时的中央组织部部长陈云为牛黄改了名字，即马洪。当时，马洪进入延安马列学院，接受马列主义的启蒙教育。

尽管马洪不爱说话，但人缘很好。冬天的时候，同学们见他晚上在灯下读书穿得很单薄，便主动把自己的棉袄披到他身上；有的同学从家里带了一些好吃的，会悄悄放在他的桌上。同学们都喜欢跟他在一起，尽管他不善言辞，但他偶一发言，便会让人大吃一惊。马洪的言谈中有着很深厚的理论素养，有一种摄人心魄的力量，他是一个沉默却让人心生敬意的"书呆子"。

"是为了抗日，反对日本帝国主义的侵略，是为了闹革命，搞政治斗争，根本没有打算学什么经济学。那时学院里有一门政治经济学，我也非常喜欢，特别是马克思的经济理论观点，把商品、剩余价值等分析得那样深刻透彻，逻辑思维是那样的强。当时想的是弄清革命的道路，认为反帝反封建的政治斗争是第一位的，没想到我渐渐对政治学着迷了。"马洪说，其实，政治斗争的基础就是经济，目的也是经济。这一时期的学习，为马洪以后搞经济工作和从事经济学理论的研究打下了基础。

后来，马洪加入过共产党所领导的牺盟会，参与了同蒲铁路总工会的筹建，并被推荐为同蒲铁路总工会负责人之一。不久，他加入中国共产党。

此后，马洪在延安中央研究院工作，担任过政治研究室研究员、学术秘书，并担任过延安《共产党人》杂志编辑、宁城县委书记。随着解放区的扩大，中央冀察热辽省委任命他为冀察热辽分局秘书处处长。不论到哪里，他都没有停止思考，他把自己的所学、所见、所思，诉诸笔端，不断在党创办的《新华日报》《共产党人》《群众日报》等报刊上发表文章，宣传党的方针政策。

1948年6月，马洪调中共中央东北局政策研究室工作。当时，东北的工业经济在全国最为发达，产值占全国解放区企业的90%。他研究了苏联的经济理论，又牵头进行调研，结合当时东北经济的实际情况，研究出一套全国经济改革的可操作性范式。当他把调研成果向时任东北局组织部部长、东北财经委副主任张闻天汇报时，张闻天十分兴奋，要求马洪尽快把自己的成果撰写成经济论文报告，向中央汇报，以便向全国推广。

于是，马洪根据张闻天的意见，把厚厚的10多本调研资料一一进行了更理论化的分析，经过若干个日夜的努力，撰写了《东北经济的构成和方针》。在这篇经济论文报告中，马洪首次把东北经济划分为5种成分：国营经济、合作社经济、私人资本主义经济、个体经济和"秋林经济"。张闻天看到这份报告，感到思路清晰、事实可靠，既有很坚实的理论分析，也有很实在的调研数据，特别是对5种经济成分的划分更是令人耳目一新，的确是一篇很有价值的论文报告。于是他立即向党中央汇报，并由专人呈送毛泽东。

毛泽东看了这个报告后非常高兴，也十分重视。他认为这是多年来难得的一份真实的、有价值的经济论文报告。于是，毛泽东记住了马洪的名字。

1949年3月，在河北省平山县西柏坡召开的中共七届二中全会上，毛泽东做了一篇生动而务实的工作报告。工作报告中参照了马洪那篇报告的成果，指出了"中国由农业国转变为工业国，由新民主主义社会转变为社会主义社会"的战略思路。这次全会采用了马洪所归纳的5种经济成分，只是因为"秋林经济"不太好理解，而改为"国家和私人合作的国家资本主义经济"。这便成了即将成立的中华人民共和国对几种主要经济成分的划分。9月，《中国人民政治协商会议共同纲领》也写入了这5种经济成分。一直到半个世纪后，党的十五大、十六大报告中还涉及与这5种经济成分有关的类似概念。由此可见马洪对经济成分的划分之超前性与其理论在中国经济改革中的借鉴作用。

毛泽东的床头摆放着马洪主笔的"条例"

每每有人提起朱镕基，马洪的脸上总是泛起一丝得意的笑容，他为自己的部下成为如此栋梁之材而高兴。马洪生前回忆说，朱镕基"工作很勤奋，对自己要求很严，对别人也要求很严，不怕得罪人，能坚持原则"。

1951年，新中国不足两周岁，工农业生产还没有恢复，正是百废待兴之时。这一年，在学生中威信比较高的朱镕基以学生自治会主席的身份，带领几百名有理工背景的清华大学毕业生奔赴东北。当时，朱镕基被安排到东北人民政府工业部，不久后被委任为计划处生产计划室副主任。

朱镕基在东北工业部期间，除取得初步的经济工作经验外，还因为工作表现引起了很多人的注意，这些人都很欣赏朱镕基的人品和才气，其中包括后来成为朱镕基直接领导的吕东、袁宝华等，而对朱镕基来说，最重要的伯乐当属后来成为著名经济学家的马洪。可以说，这次"邂逅"对朱镕基的人生经历影响巨大。

马洪比朱镕基大8岁，时任中共东北局委员、副秘书长。马洪的职务要比朱镕基高许多，在工作上，马洪是朱镕基的上级，马洪对他十分赏识。马洪在接受记者采访时说，"当时朱镕基工作很努力，人很聪明，很正直，很有发展前途"。

1952年12月，东北工业部撤销，而此时，中央正在酝酿成立国家计划委员会（简称"国家计委"）。由于懂经济的人才十分缺乏，而东北人民政府已积累了几年的经济建设管理经验，从东北调一批既懂经济又有一定工作经验的专业干部进京，是当时中央领导人的愿望，于是"地方干部支援中央"的政策出台。据马洪回忆，1952年，东北局有100余人奉命进京，作为地方支援中央的干部，"我和朱镕基是其中的两个"。

马洪从东北调到北京后，出任刚组建的国家计划委员会委员兼秘书长，朱镕基则先后在国家计委燃动局和综合局工作。马洪与朱镕基的接触，是到北京以后才逐渐增多的，相互之间的了解也不断加深。

朱镕基后来升任国家计委主任办公室副处长，马洪是其顶头上司。马洪说，"在计委工作的时候，朱镕基的表现也很出色，是当时工作最出色的干部之一"。

马洪在国家计委工作的日子里，中国经历了初步工业化，而国家计委作为计划经济管理的核心部门，无疑处在中国工业化的风口浪尖上。由于计划经济所固有的特点，国家计委几乎要执掌整个国家的经济生命线。自然，这段时间的历练，对马洪熟悉中国经济是非常有用处的，他近距离地感受到了中国经济脉搏的跳动，对今后经济思想的形成影响不小。

提起20世纪50年代那段不愉快的经历，马洪依然记忆犹新。1958年春，当朱镕基被打成右派时，马洪已经在3年多前被列为"高岗反党集团"的骨干，先后被下放至北京市第一和第三建筑公司工作。这一段不愉快的经历，使他们惺惺相惜。

"文化大革命"后，马洪带头组建了中国社会科学院工业经济研究所，不久便调朱镕基为该所室主任。有关朱镕基的右派问题，马洪说："朱镕基是在工经所时得到平反的。1978年春天，中共中央下达文件为右派分子摘帽。这一年9月决定为错划为右派分子的人平反。就在这个时候，中国社会科学院宣布为朱镕基等一批当年的受害者平反昭雪。朱镕基被还以清白之身，并恢复了中共党籍。"

日后，担任国务院副秘书长的马洪成为国务院发展研究中心的创建人，并担任该中心主任多年，为中国的经济改革出谋划策。马洪说，朱镕基担任国务院副总理之后，"对国务院发展研究中心的工作很支持，有些要求他都亲自帮助解决"。

在国家计委工作期间，马洪参与了国民经济"一五"计划的总体设计，是新中国经济体制的创始人之一。在"大跃进"之后的调整时期，作为国家经济委员会政策研究室负责人，1961年7月马洪作为主要执笔人之一起草了《国营工业企业工作条例（草案）》（即《工业七十条》）。该条例草案实施后，大大提高了当时国有企业的生产力，收到了良好的效果。4年之后，马洪等又对这个条例草案进行了全面的修改，使之更完善。没想到，"文化大革命"开始后，《工业七十条》成了被批判的靶子，说它是一株修正主义的大毒草——张春桥、姚文元指使人对《工业七十条》进行笔伐。首当其冲的马洪受到不公正的批判，被停职检查。

对于"条例"的谩骂与攻击，毛泽东并不知晓。其实，毛泽东个人对"条例"是肯定的。"文化大革命"后，邓小平曾对薄一波说，毛主席直到临终时，还把一本有些破损的《工业七十条》摆在枕头边。主席在经济工作中是比较讲究实事求是的，《工业七十条》为中国的经济建设作出了如此大的贡献，他老人家高兴还来不及，怎么会批评呢？马洪等主笔的这个条例，可以说在"文化大革命"前乃至改革开放后，对我国的经济建设与发展都作出了不可磨灭的贡献。

曾较早"为市场经济正名"

马洪长期从事经济理论研究、政策研究和决策咨询工作，是在新中国革命和建设阶段以及改革开放伟大实践中成长起来的经济学家。他倡导和推动中国市场取向改革，主张稳健地推动中国经济的发展，在建立合理经济结构的理论研究与对策等领域作出了重要的贡献。

马洪说："'文化大革命'前我们在起草《工业七十条》的过程中，编写了《中国社会主义国营工业企业管理》（人民出版社1964年出版）一书，还没来得及应用，'文化大革命'开始了。'文化大革命'后沿着这个思路先是在大庆调查，后又筹建工经所，这时着重思考的问题就是如何搞好国营企业。"

1978年4月，马洪由中国社会科学院首任院长胡乔木和副院长邓力群等提名，被调到社科院，创建中国社会科学院工业经济研究所。当时马洪对胡乔木说："我对计委部门熟悉，我有一整套的计划等着实施呢，社科院暂时就不去吧？"胡乔木望着一脸诚恳的马洪说："'四人帮'倒台了，社科院必须马上恢复工作，你去主管工业经济研究所，这正与你的所学对口呀！"马洪笑了笑，并点头。

一到社科院，马洪便着手对我国工业经济和企业管理进行系统的研究，深入分析。他在经济改革、经济管理、经济结构、经济发展战略、工业经济和企业管理诸多学科和领域进行了开拓性的研究工作，坚决主张"改革经济管理体制要从扩大企业自主权入手"。1978年9月9日，他在《光明日报》发表了署名"马中骏"的文章《充分发挥企业的主动性》，指出："解决经济管理体制问题，应当把充分发挥企业的主动性，作为基本的出发点；正确处理国家和企业的关系，是实现国家、企业和劳动者个人三者利益统一的关键；明确国家和企业双方的经济责任，才能更好地发挥企业的主动性。"认为"过去我们研究经济管理体制问题从'条条'和'块块'的分工上考虑得比较多，从国家和企业的经济关系上考虑得比较少"，强调"解决经济管理体制的问题，不能只从上层建筑方面打主意，而应当着重于生产关系，特别要把正确处理国家和企业的经济关系，充分发挥企业的主动性，作为基本的出发点"，"尤其要承认企业在客观上所具有的独立性，赋予企业一定的自主权"，"这样才能调动企业和职工群众的积极性，使企业巨大的生产力得到解放"。

同年12月召开的党的十一届三中全会，充分肯定了扩大企业自主权的改革思路和主张，指出应当让地方和工农业企业有更多的经营管理自主权。全会的《公报》显然对向企业"放权让利"作了比"行政性分权"更宽泛的解释，进而无论在理论上还是在实践中都使全会成为中国"渐进式"改革的重要里程碑，同时也印证了马洪关于扩大企业自主权的研究与探索所具有的重要政策效应和学术价值。

在此基础上，马洪对外国工业经济和企业管理进行考察研究。1978年11月，马洪登上了飞往日本的飞机，参加了国家经济委员会组织的赴日经济考察团。其时的日本资本主义经济飞速发展，在全球首屈一指。马洪一到日本，就感受到了中国与发达国家的差距，心里很不平静。走在东京的街头，看到行色匆匆的人群、高高耸立的楼宇，那种无处不在的商品经济氛围笼罩着马洪。

这次考察，马洪把企业管理作为考察的重点。在株式会社，他仔细地寻问每一个工作流程及每个流程的管理方法。他了解到，日本的企业之间主要是按专业化与协作的原则组织起来的，企业的协作关系又是用合同的形式固定下来的。马洪心想，日本的这种企业协作关系，是一种务实的、可行性较强的、可借鉴的经验，同样适用于中国。

进而，他还了解到，日本企业的一切经营管理活动和生产活动，都必须围绕质量第一的原则，各级管理人员和每一个工人对此都有一个明确的认识，企业的各项规章制度都围绕着这个中心并为之服务。这就是为什么日本总能生产出世界一流且别具一格的产品的原因。马洪陷入了沉思，于是在笔记本上粗粗地写下了3个字：责任感！

如何才能使人人都有责任感呢？马洪在考察中发现，日本人非常重视提高员工的经营、管理和技术素质，重视培训各类人才。他们将其看作一项战略任务，称为"能力开发"。日本企业培训工人的办法包括现场学习、业务学习和脱产学习，而以现场学习为主。因此，马洪在笔记本上又重重地写下了两个字：教育！

从日本考察归来，马洪很快写成《日本企业家是怎样管理工业企业的》一文，还与人合作出版了《访日归来的思索》一书。之后，国内纷纷开展讨论如何借鉴别人的先进经验、如何实事求是地运用外国先进的管理模式来发展民族工业。

马洪作为当代中国经济学理论研究和经济政策咨询工作的开创者和领导者之一，参与和具体组织了许多涉及中国经济改革、发展等重大问题的社会调查和课题研究。1979年中央召开了工作会议，决定用几年时间对国民经济进行调整。国务院财经委员会和中国社科院召集相关负责同志和经济理论工作者，准备对我国经济情况和有关政策实施情况进行深入调查研究，并决定成立4个调查组，由马洪负责经济结构组。当时马洪组织了400多位经济工作者和200多位理论工作者进入该组，集中了100余人组成经济结构综合调查直属队开展广泛深入的调研，形成了许多成果提交党中央、国务院参考。

在对中国经济结构问题进行了为期10个月的调查研究的基础上，1981年12月他和孙尚清主编的《中国经济结构问题研究》由人民出版社出版。这是经济结构调查组最后的综合成果，该成果指出了导致经济结构不合理的原因：最重要的是盲目追求高指标、高速度，破坏了综合平衡；片面强调发展重工业，以钢为纲，忽视了农业和轻工业的发展；人民公社化搞过了头，挫伤了农民的积极性；政企不分，企业缺乏自主权，不能很好地发挥市场的调节作用，等等。该书对当时更好地贯彻中央调整、改革、整顿、提高的方针起到了积极作用，曾分别在苏联和美国翻译出版。

关于我国经济体制改革目标的争论由来已久。在党的十二届三中全会召开前夕，马洪给当时的国务院总理写信，建议把"社会主义经济是有计划的商品经济"这一提法写进全会的决议中。他说，"这个问题太重要了，如果不承认这一点，我们经济体制改革的基本方针和现行的一系列重要的经济政策都难以从理论上说清楚"。

1984年7月，马洪向高层提交了一份报告《关于社会主义制度下我国商品经济的再探索》，得到了比较正面的反馈。文章所论述的观点，对于1984年10月中共十二届三中全会确定"商品经济"的改革

马 洪 | 为中国国情开"良方"

周叔莲(左一)与薛暮桥(右三)、马洪(右二)等在法国考察

目标起了重要作用。文章还针对不赞成"有计划的商品经济"提法的一些观点，以"一家之言"的态度阐述了相关的认识。这些都体现了包括马洪在内的众多中国经济学家"使我们的经济工作彻底地摆脱各种'左'的影响，保证我国社会主义国民经济更加生气蓬勃地向前发展"的殷切期望。对 7 月份的报告做了认真的补充修订，1984 年 11 月 16 日，马洪在中共中央宣传部组织的形势报告会上作了题为《关于社会主义制度下的商品经济》的报告，提出并具体分析了"承认社会主义经济是有计划的商品经济，是进行经济体制改革，实施对内搞活、对外开放方针的理论依据"，阐述了社会主义商品经济的特点。12 月，《经济研究》全文发表了马洪的署名文章《关于社会主义制度下我国商品经济的再探索》。

马洪不仅是较早提出和支持"社会主义商品经济"和"社会主义市场经济"论点的学者，更是中国市场取向改革的积极倡导者和推动者。1988 年 3 月，他明确提出要"进一步解放思想，为市场经济正名"。他说："长期以来，'左'的思想影响给我国理论工作者和实际工作者吸收现代经济学的有用成果造成了严重障碍。过去许多同志曾经把商品经济混同于资本主义经济。现在许多同志虽然承认了社会主义经济是一种商品经济，即有计划的商品经济，却并不愿意承认它还是一种市场经济。"

1991 年前后，理论界对社会主义经济中计划与市场问题的讨论再次活跃起来，马洪当时在不同场合先后对这个问题发表了一些观点。中共十四大召开之前，在几位青年学者的协助下，他的文集《建立社会主义市场经济新体制》公开出版，较系统地反映了他关于在中国建立社会主义市场经济体制的一些重要思路。1993年10月，由马洪主持撰写的《什么是社会主义市场经济》一书出版。这是按照时任中共中央总书记江泽民指示编写的宣传、普及社会主义市场经济基本知识的读物，是一部关于在中国建立社会主义市场经济体制的理论与实践的优秀读本，产生了广泛积极的影响。

晚年步入"第二学术黄金期"

在计划经济时代，研究咨询机构多是大学里设立的社科研究院所、各省市自治区成立的社科研究院所和党政机关内部设立的政策研究机构。它们大多偏重于纯学术、纯理论的研究，或者偏重于服务和服从于各级领导，具有明显的诠释领导讲话和诠释既定政策的色彩。其共同的局限性，就是长期以来脱离社会经济发展的客观实际，理论与实际严重脱离。1989年2月，在马洪的积极倡导和亲自组织下，综合开发研究院（中国·深圳）经国务院批准正式成立。当时他会同一些经济学家和社会活动家，明确提出以"民间性、自主性、开放性、公益性、综合性"为研究院的办院方针，从而实际上开始了我国咨询研究机构社会化、市场化的改革试点。

步入晚年，马洪这位权威的国情研究专家不服老，从南方特区到东北大地，从长江三角洲到西部草原，处处留下了他的身影。他调查的资料堆满了办公室，有人形容他是身背资料走四方的经济学怪杰。

对此，马洪说："我凭什么发言？我凭什么让人们相信我的发言？我必须走四方，然后九九归一！"马洪当时虽然年事已高，仍孜孜不倦地探索强国富民的真谛。随着理论研究的深入和改革开放的发展，他的一些思考、观点和建议或许会被实践超越，但这丝毫不会影响他对中国经济学理论研究和经济政策咨询工作的卓越贡献。

发展新经济谨防泡沫！这是马洪在深圳举行的"2001全球脑库论坛"上的提醒。他指出，在经济转轨时期，应当特别关注同新经济的某些特点相联系的泡沫经济现象。他说，泡沫经济现象在虚拟经济中表现得最为突出。

马洪分析指出，在以欧美为中心的发达国家和亚洲主要国家的范围内，日本经济的竞争力已大幅度降低。20世纪90年代初日本泡沫经济破灭后，日本政府曾10次采取刺激措施，相继注入1万多亿美元，但一直未能实现经济的持续回升。日本之所以能够在"二战"后迅速崛起成为全球的经济强国，其重要原因就在于日本当时建立了一套能够促进其经济发展的新体制和新机制。但是，这些制度没有随着发展的需要而进行相应的改变，于是成为经济和社会改革的阻力。马洪说："泡沫经济在世界各主要发达国家中是普遍存在的，它在日本和东南亚的出现不过是较欧美略早了一些而已。这是新经济发展的一个副产品，颇值得世人警惕。要维护社会政治和经济的稳定，就必须建立新体制新机制，并要有正确的政策支持。否则的话，世界经济是很难走上自律增长的轨道的。"

这位中国经济学界的泰斗认为，"新经济"的提法本身需要进一步讨论，但他并不否定新经济所具有的优势使其成为整个社会经济发展的一种力量。马洪说，东南亚金融危机中，泡沫经济首当其冲，这场金融危机使我们更进一步认识到，旧有的经济结构以及相关的其他结构已经过时，必须对此进行根本性的改造——但这个改造的过程将是漫长而痛苦的，是要付出代价的。

2005年1月，第二届中国港口经济论坛在天津召开。马洪向大会提交了书面发言，他说，在贯彻落实党中央提出的建成完善的社会主义市场经济体制和更具活力、更加开放的经济体系的历史进程中，港口经济正日益显现出其旺盛的活力。"要积极探讨和研究如何增强中国港口经济整体推动力，提升港口经济国际竞争力，积极参与经济全球化以及区港联动的未来发展方向问题，在对外开放的新格局中，对环渤海地区港口经济的发展及其对区域发展的推动作用进行总结。"他认为所有这些研讨内容必将深化港口经济的理论内涵，促进港口经济实践的协调发展，进而丰富中国经济社会以港口经济为载体的制度创新进程。从深化港口经济内涵、扩大港口经济实践和效益的角度，他认为还应当认真总结中国加入世界贸易组织以来中国港口经济发展的经验和教训。言辞之中，饱含一腔兴国之情、报国之志。

从坚持和完善中国基本经济制度、坚持解放和发展生产力的高度，党的十六大报告集中全党和全国人民的实践经验与政治智慧，旗帜鲜明地提出两个"必须毫不动摇"：必须毫不动摇地巩固和发展公有制经济；必须毫不动摇地鼓励、支持和引导非公有制经济发展。同时强调，要把坚持公有制为主体和促进非公有制经济发展统一于社会

大 国 小 康

薛暮桥（二排右三）、马洪（二排右二）、周叔莲（后中）等访问美国

主义现代化建设的进程中，不能把这两者对立起来。各种所有制经济完全可以在市场竞争中发挥各自优势，相互促进，共同发展。马洪认为，这样的认识和表述，应当是我们讨论中国国企改革问题现实和理论的重要基础——尽管可能不是唯一重要的基础，而且不应对其予以形而上学和僵化封闭的理解。

深化国有企业改革，"深化"的重要内涵之一就是国有企业的产权改革。国有企业产权改革必然涉及公有制尤其是国有制的多种有效实现形式。"多种"和"有效"强调的是，应使国有企业产权实现样式具有"多元化"与"普适性"的本质特征。2000年以来，除少数由国家独资经营的企业外，通过积极推行股份制、实行投资主体多元化、推动垄断行业改革、发展具有国际竞争力的大公司大企业集团、进一步放开搞活国有中小企业，以及深化集体企业改革、促进多种形式集体经济的发展，从而使混合所有制经济在我国蓬勃发展起来。对此，马洪感到十分欣慰：这既是深化国有企业产权改革的必然结果，也是继续深化国有企业产权改革的重要前提。

中国经济体制改革"市场取向、渐进方式"的历史进程，已经全面深刻地改变了企业组织与经理人员和职工之间的关系，这不仅表现在传统的国有企业与经理人员和职工之间的劳动关系出现多样化特征，而且表现在民营企业、外资企业以及中外合资企业等企业形态中高度市场化雇佣关系的迅速发展。有关研究表明，中国经济体制改革过程中企业不同的劳动雇佣关系模式，对企业绩效会产生重要的影响。企业所有制性质不仅影响经理人员获得报酬的水平，也影响经理人员职责范围和行为方式。用"激励—贡献模式"来观察，不同所有制形式的企业在采取不同类型雇佣关系模式的同时，也表现出组织对经理人员贡献期望与组织向经理人员提供激励的水平差异。2000年以来，在国外人力资本理论与实践逐渐成熟和完善的同时，我国企业人力资本产权性质的制度安排也取得了一定程度的进展。承包制、租赁制、股份合作制的先后实行，以及职工持股、股票期权、经营者年薪制、管理层收购等试点工作的有序展开，不断深化着包括国有企业在内的企业收入分配制度、企业绩效评价体系以至企业产权制度的改革。马洪说："当然不必讳言，中国国有企业产权制度改革实践正处在探索前进阶段，国有企业产权制度改革与企业经理人员贡献的关系，理论上和实践中有许多具体问题需要更深入的研究。如怎样界定'成熟的股权激励方式和员工持股政策'？把管理层收购试点探索限定在国有中小型企业范围内，是否可以完全避免'使所有权和经营权趋于合一'？又如，怎样理解企业高级管理人员持股与长期激励效果的关系？再如，怎样看待当前国有企业规范改制和产权转让过程中，存在的对土地确权定价不规范、对知识产权与技术专利以及商誉等无形资产不评估或评估后不入账、部分企业转让产权不进入市场或进入市场但未实现竞价转让的现象？等等。"马洪强调，正确处理产权制度改革与企业经理人员贡献的关系，是中国国有企业改革的"重中之重"，存在困难与风险是很正常的——"改革有险阻，苦战能过关"。

20世纪80年代，中央提出在20世纪末达到小康目标后，按照中央部署，马洪组织动员了几十个部门的自然科学家和社会科学家，开展了"2000年的中国"研究，展望了到2000年实现小康目标的情景和路径。这项宏大研究成果对于凝聚共识、谋划发展蓝图，起到了不可替代的重要作用。

马洪认为："生活水平是指社会供给广大居民用于生活消费的商品和服务的数量与质量状况，在很大程度上标志着居民物质需要的满足状况。而生活质量则全面地综合地反映了居民生活需要的满足程度，既包括物质生活需要，也包括精神生活需要，必须使用包括人均收入、卫生与健康、文化教育、环境状况等在内的综合指数来衡量。"因此，我国经济学家和经济工作者从我国国情出发建立了一系列的指标体系，全面地界定与衡量小康生活水平。

马洪研究经济有半个多世纪，他曾说："经济学说起来挺深奥，但归根到底，目的还是使老百姓的生活富裕起来、老百姓的生活好起来，我作为一个经济学者才有意义。"看到小康社会建设的全面推进，这位资深的经济学家心情异常激动，他说："我们国家的目标越来越明确了，这是大快人心的事，经济学的贡献由此可见一斑了。"

马洪对经济学科发展和决策咨询研究都作出了重要贡献，但他却十分谦虚。他说："经济学是个领域广阔的科学，我所涉足的范围是有限的。尤其当前正进入新经济时代，这个时代的许多新知识对于我尚属空白。因此，我认为自己算不上是经济学家，更谈不上什么'著名'，给一个经济学者的称呼我已觉荣幸。"

2007年10月28日，马洪因病在北京逝世，享年87岁。斯人已逝，风范长存。生者对逝者的最好纪念，便是踵武前贤，发扬其筚路蓝缕、以启山林的开拓精神，以他为典范，一步一个脚印地推进小康社会的全面建成，让经济学人的研究成果惠及全民。

袁隆平

"泥腿子科学家"的超级水稻梦

YUAN LONGPING

大国小康

袁隆平，祖籍江西德安，世界著名杂交水稻专家，我国杂交水稻研究领域的开创者和带头人，被誉为"杂交水稻之父"。1930年9月出生于北京，1953年8月毕业于西南农学院农学系。曾任湖南省安江农校教师、湖南农业科学院研究员、湖南省科协副主席和湖南省政协副主席、全国政协常委、国家杂交水稻工程技术研究中心主任暨湖南杂交水稻研究中心主任等，系中国工程院院士、美国国家科学院外籍院士。2001年获2000年度国家最高科技奖；2018年12月，被党中央、国务院授予"改革先锋"称号；2019年9月被授予"共和国勋章"；2020年11月，当选2020中国经济新闻人物。

———

"人就像一粒种子。要做一粒好的种子，身体、精神、情感都要健康。种子健康了，我们每个人的事业才能根深叶茂，枝粗果硕。""杂交水稻之父"袁隆平认为，作为一名科研工作者，不仅要知识多，而且要人品好；不仅要出科技成果，而且要体现科学精神和科学道德。"我一门心思研究水稻，研究杂交稻、超级杂交稻，从大的方面讲，为的就是让我们的国家富强起来，不受外人的欺侮；从小的方面讲，为的是把水稻的产量提上去，让我们大家都吃饱饭。"

田里的水稻，像高粱那么高，穗子像扫把那么长，籽粒像花生米那么大，自己与几个朋友就坐在稻穗下面乘凉。这是袁隆平早年的梦境。而今，他的目标是：不仅要让全国人民吃饱、吃好，而且要让全世界的人民吃饱、吃好！

自小我似乎与杂交水稻结下了不解的情缘

年过九旬的袁隆平，脸庞因经年累月的风吹日晒而布满沟沟壑壑，那是一种农民的沧桑感和知识分子的忧患意识的复杂组合。在他的办公室里，常年放着三样东西：草帽、毛巾和西装。因为他每天都要查看试验田，戴上草帽、毛巾就走；而作为中国工程院院士、水稻专家，他又要经常接待各方人士，所以，穿上西装，他又回到知识分子身份。

出身知识分子家庭的袁隆平对水稻的痴迷远远胜过一般农民。袁隆平6岁时，在武汉郊区的一家园艺场参观，看到繁茂的花果挂满枝头，那红红的桃子，绿绿的葡萄，让他欢喜极了，植物王国就成了令他心驰神往的地方。"从那时起，我开始喜爱上了农业。不久我做了这么一个梦：我们种的水稻，像高粱那么高，穗子像扫把那么长，颗粒像花生那么大，我和几个朋友就坐在稻穗下面乘凉。那时我就想：长大一定从事农业工作！"

然而，现实并非如想象般浪漫。1959—1961年三年困难时期，严酷而沉痛的现实，使从西南农学院毕业分配至湘西教书的袁隆平感到深深不安。此刻，他清醒地认识到，中国必须走水稻高产之路。

20世纪60年代早期，袁隆平发现了一株长得非常粗壮的水稻秧苗，但他当时并不知道这是一株野生杂交水稻。第二年，他播下了这些种子。但没有一株长得像前一年那么高，并且长得零乱不齐。失望中的袁隆平想到，纯品系水稻不会产生分化，由此想到这肯定是杂交稻。他意识到发现的这株秧是第一代天然杂交稻。可是，袁隆平1964年第一次提出杂交水稻的概念时竟引来嘲笑和讥讽。

最初，他按照米丘林、李森科"无性杂交"学说进行教学和科学试验。按当时的全球普遍观点，水稻作为自花授粉的植物没有杂交优势，所以任何实验都毫无意义。但袁隆平不信这是禁区，对这些学说产生了怀疑，而沿着当时被批判的孟德尔、摩尔根遗传基因和染色体学说进行探索，这是需要很大勇气的。

从此，袁隆平迈开双腿，与他的助手们走进水稻王国的茫茫绿海，去寻找天然的水稻雄性不育株。1970年的一天，他们在海南岛一片沼泽地的小池塘边发现了雄性败育的野生稻——"野败"。到1972年，第一个雄性不育系和保持系培育成功了，继而育成了恢复系。1973年实现了"三系"配套，第一个具有较强优势的杂交组合"南优2号"获得成功，并立刻显示了它的增产效应，亩产达到623公斤，单产比常规稻增产20%左右。

袁隆平一下子轰动了世界。西方国家称杂交稻为"东方稻魔"，并将其与中国四大发明并列为"第五大发明"。水稻的高秆变矮秆是第一次绿色革命，西方媒体称袁隆平掀起了全球"第二次绿色革命"。中国农民说，吃饭靠"两平"：一靠邓小平（责任制），二靠袁隆平（杂交稻）。袁隆平的成果不仅在很大程度上解决了中国人的吃饭问题，而且被认为是解决下个世纪世界性饥饿问题的法宝。后来，袁隆平被全世界尊为"杂交水稻之父"。

自20世纪70年代推广袁隆平的杂交水稻以来，中国每年可多产粮食数百亿斤。2019年，杂交水稻种植面积已占中国水稻种植面积的50%，杂交稻谷产量占中国稻谷总产量的近60%。数字的背后是袁隆平的辛勤耕耘，且一耕就是半个多世纪。年过九旬了，可无论刮风下雨，袁隆平依旧每天上、下午各下一次地。他说："只要地里有一棵稻子，我就坚持下地！"

袁隆平 | "泥腿子科学家"的超级水稻梦

袁隆平（右）和李必湖在田间进行科学实验

中央的政策对我的科研影响不小

"有人说，中国人吃饭靠'两平'，意思是讲一靠邓小平的政策，二靠我试验成功的种子。当然，我跟改革开放的总设计师不能相提并论。不过，我认为中央的政策对科技工作者的科研影响不小。"袁隆平对此感慨颇多。

1958年，第一次听到了农业"八字宪法"，袁隆平并不知道这是毛泽东说的，以为是农业部定的，脱口而出一句："农作物讲究一个'时'，不按农时，就违背了规律，还应当加一个字——'时'。""文化大革命"一到，这句招祸的话像一柄剑一样悬在他的头顶。单位里也设了牛棚，组建了劳改队。原本他被安排到牛棚"报到"，恰巧"上头"来了一份"抓革命，促生产"的通知，要求对袁隆平的试验田予以重视。

袁隆平在"文化大革命"期间，研究几遭中断，他的理论被认为是异端邪说。精神的折磨袁隆平可以忍受，唯一让他不能忍受的是悉心培育的试验秧苗曾被造反派连根拔掉，扔到了臭水沟。看到这一幕，袁隆平伤心地哭了。幸运的是他得到了当时湖南省和国家一些领导的支持。回忆起过去，对杂交水稻痴心不改的袁隆平说："大不了当农民。只要不离开土地，我就可以把杂交水稻搞成功！"

2001年2月19日，中国政府将最高科学技术奖授予"种"了一辈子水稻的"农民"科学家——世界"杂交水稻之父"袁隆平。面对记者，这位被称为比富裕起来的农民更像农民的院士西装革履，神采飞扬。他说："获奖令我深感荣幸，可我更为国家设立这个大奖的英明举动高兴！经历过'文化大革命'的人都知道，那时知识分子叫'臭老九'；'文化大革命'结束后知识分子迎来了科学的春天，如今知识分子由'臭老九'变成了'老大哥'，这是对知识分子的大解放，也是给知识分子精神上最大的鼓舞。我们科技工作者一定不要辜负时代赋予的重任，要释放自己的潜能，在经济发展中大显身手。"

袁隆平庆幸自己生活在一个好时代，自己毕生为之奋斗的杂交水稻事业得到了党和国家的高度重视和支持。"党和国家现在提倡科教兴国，为科技工作者创造了更广阔的用武之地。"他深有感触地说。

2004年3月7日下午，北京人民大会堂，全国政协十届二次会议第二次全体会议正在召开。袁隆平快步走上讲台，扫视大会堂，提高嗓门开始发言。他发言的题目是《高度重视我国粮食安全问题》。

"去年下半年以来，国内小麦、稻谷、玉米等粮食价格猛然走高，与此相关的面粉、大米、饲料等制成品价格也出现了明显上扬。粮食价格上涨的直接原因是粮食供求关系日趋紧张。近年来我国粮食总产量连续下降，粮食年人均占有量从1996年的414公斤下降到2003年的333公斤。由于粮食生产锐减，每年形成0.25亿吨至0.35亿吨的缺口，这几年全靠挖库存维持粮食供求平衡。但'民以食为天'，如果粮食安全得不到保障，社会稳定就得不到保障。"那如何解决粮食安全问题？袁隆平代表湖南省政协提出了四条建议：一是坚持自力更生为主的粮食安全战略。粮食安全关系国家安全，只有立足

大 国 小 康

袁隆平田间工作照

国内，基本实现供需平衡，才能保证我们在风云变幻的国际局势中始终处于主动地位。二是充分发挥科技对粮食安全的保障作用。改革开放以来，我国人增地减，但粮食基本实现了供需平衡，这主要是依靠科技大幅度提高了粮食单产。三是切实保证一定规模的粮食播种面积，要实行最严格的耕地保护措施，遏制各类建设用地对耕地特别是基本农田的侵占行为。四是切实保护和提高农民的种粮积极性，要依靠各级政府继续加大对农业的投入，进一步减轻粮农负担，增加他们的收入。

2008年10月16日，政协十一届全国委员会常务委员会第三次会议举行全体会议，16位全国政协常委、委员围绕学习贯彻中共十七届三中全会精神做大会发言。袁隆平在发言中建议大力实施超级杂交稻"种三产四"丰产工程，提高农民种粮的经济效益，确保国家粮食安全。

我的工作要求我像农民一样生活

2000年12月11日，我国第一家以科学家的名字冠名的上市公司"袁隆平农业高科技股份有限公司"（简称"隆平高科"）在深圳证券交易所挂牌上市。按收盘价计算，持有250万股的袁隆平当天即拥有了上亿元的财产，真是一夜间成了"亿万富翁"。于是，中国证券市场第一只以科学家名字命名的股票一时间引起舆论哗然。对此，袁隆平说："开始我坚决反对用我的名字上市。连我夫人都说，报纸电视总是今天'隆平'涨3分，明天'隆平'跌2分，听着多别扭！"但袁隆平还是贡献出了自己的名字。"经多方做工作我想通了，这样一有利于把杂交水稻推向世界，二有利于科研经费的筹集。但我只是名誉董事长，水稻和股票是两码子事！"

杂交水稻的发明，让他身价亿万而成为"富翁"，但袁隆平"农民本色"依旧，仍以农民自居。他的形象"几十年如一日"：瘦小身材，背微驼，小平头，一身过时衣，两腿烂泥巴。有人提醒他"太土了"，他说："我天天和农民在一起，穿得像个城里人，他们就会觉得生分。再说，穿得挺挺括括的，怎么下地？我的工作要求我像农民一样生活。"

为争取更多的研究时间，袁隆平像候鸟一样每年冬天从寒冷的长沙转移到温暖的海南岛，他一年中超过三分之一的时间都在农田里劳作、观察和研究。从播种到收获，他每天至少下田两次。如今，袁隆平虽已年迈，仍然一如既往地下到试验田里观察、研究，不论日晒雨淋，从不间断。上次到北京领奖，他还时刻挂念着海南岛的实验情况。每次出差到外地，他都要助手每隔三天给他报一次试验数据。

袁隆平的观念也很"农民"。在中国，杂交水稻成果一直是无偿使用，甚至让种子经营部门赚了大钱。但袁隆平从未想过申请专利，也没想过知识产权怎样保护。他总是说："谁种都欢迎，而且种得越多越好。我的杂交水稻成果不是我一个人的知识产权，没有国家和当地政府的资助，没有我的众多助手，杂交水稻是不可能在那个年代问世的。"人们端起碗的时候，不一定会想到他；而他端起碗的时候，

袁隆平 | "泥腿子科学家"的超级水稻梦

生活中的袁隆平兴趣爱好广泛

常常会想到中国,乃至世界。

谈起他的心愿,这位"泥腿子科学家"如是说:"我们国家人口多、耕地少,保障国家粮食安全,唯一的办法就是提高单产。高产对于我来说,是一个永恒的主题。我这一辈子有两个心愿:一是培育成功并推广应用超级杂交稻,努力育出产量更高,能'养活整个世界'的水稻;二是使杂交水稻走向世界,造福人类。可喜的是,现在超级杂交水稻研究取得了突破性进展。"

确保中国人的饭碗要牢牢端在自己手中,这是袁隆平认为自己应该为国家担负的责任。他对杂交水稻和它背后维系的国家粮食安全怀有的赤诚初心,从过去到现在,始终未变。从第一期超级稻到第四期,以及每公顷16吨、17吨和18吨攻关目标的实现,中国杂交水稻的科研工作水平始终领先于世界。"要想不受别人欺负,国家必须强大起来。"袁隆平从小就意识到了这一点,因此他始终将个人前途与国家利益紧紧相连。

"从党的十九大开始,是我们国家全面建成小康社会的决胜期,从我的角度来说,小康社会就是要从'吃饱'向'吃好'转变。"袁隆平说,国家强盛了,老百姓生活水平提高了,自己的研究当然不会止步不前。

这就是一个科学家的追求,这就是一个科学家的胸怀。

2021年5月22日,袁隆平在长沙逝世,享年91岁。这样一位为我国粮食安全、农业科学发展,为世界粮食供给作出杰出贡献的长者,值得人们永远铭记。

李振声

杂交小麦领域的"袁隆平"

LI ZHENSHENG

大国小康

LI ZHEN SHENG

　　李振声，著名小麦遗传育种学家，中国小麦远缘杂交育种奠基人，有"当代后稷"和"中国小麦远缘杂交之父"之称。1931年2月出生于山东淄博，1951年毕业于山东农学院（现山东农业大学）农学系。历任中国科学院遗传选种实验馆研究实习员，中国科学院西北农业生物研究所（后改名为中国科学院西北生物土壤研究所）助理研究员、农业研究室副主任，中国科学院西北植物研究所助理研究员、研究员，中国科学院西北植物研究所遗传研究室主任、副所长、所长，中国科学院西安分院院长，陕西省科学院院长，中国科学院副院长、遗传研究所所长等职，曾当选全国政协常委、中国科学技术协会副主席。系中国科学院院士、第三世界科学院院士。

大 国 小 康

———

"小麦也是3种野生植物杂交后,经过9000多年的自然选择和人工选择的结果。那我们能不能让小麦同抗病、抗旱的野生草种再次杂交呢?"望着因条锈病大流行而严重减产的麦田,25岁的李振声把目光聚焦在远缘杂交育种上。

"我们要以世界的眼光看科技,以国家的需求促科技,大力推进科技进步,着力提高自主创新能力,为建设创新型国家,实现我国科学和技术发展的宏伟蓝图而不懈奋斗。"2007年2月27日,76岁的李振声院士因杰出的科学成就被授予2006年度国家最高科学技术奖,站在了万人瞩目的人民大会堂领奖台中央。

半个世纪前的年轻学者没有想到自己的研究对保证我国粮食安全有着重大贡献,50年前那传染性极强的"小麦癌症"所造成的灾害不堪回首。

如果说袁隆平是"杂交水稻之父",那么李振声称得上"中国小麦远缘杂交之父"。"南袁北李",一个研究水稻,一个研究小麦,都用数十年的心血和智慧培育出了丰硕的果实,他们让广大农民受益,让中国人乃至全世界的人民受益。

约访时,李振声表示在获奖后的第2天接受半个小时以内的专访,可是真正面对面时,言犹未尽的科学家将采访变成了长达2个多小时的人生课堂或科普讲座。

多次粮食"危机"中解决中国人的饭碗问题

1985年至1987年，我国粮食产量出现了徘徊，与1984年相比，3年累计减产487.5亿公斤，而同期人口累计增长4895万人。面对当时的困难，在中国科学院全力支持下，李振声带领中科院农业专家组通过3个月调查研究，提出了在黄淮海地区进行中低产田治理、打破粮食生产徘徊的建议。在时任中国科学院院长周光召的大力支持下，李振声带领本院25个研究所的400名科技人员投入冀、鲁、豫、皖4省的农业主战场，与地方政府联合，与兄弟单位合作，开展了大规模中低产田治理工作。

早在1965年和1966年，中国科学院就在河南封丘县和山东禹城县（现为禹城市）创设了两个10万亩以上的旱涝碱综合治理试验区。1987年9月到11月，担任中科院副院长不久的李振声分别到两个试验区考察，认为两个试验区的大量科技成果可以向外围面上推广，为国家农业发展作出贡献。这个想法得到山东、河南、河北、安徽4省领导的支持。

1988年1月初，中科院院长周光召和孙鸿烈、李振声、胡启恒向时任国务院副总理的田纪云作了汇报。田纪云同意中国科学院和有关省合作，将中国科学院的科技成果向面上推广。1月15日至18日，周光召院长主持在北京召开了"黄淮海平原中低产地区综合治理开发工作会议"，决定将工作区划分为山东、河南、河北沧州和安徽淮北

大 国 小 康

李振声院士

4片，以山东、河南为重点。

山东片的工作是以禹城试验区为重点展开的。禹城试验区包括14万亩盐碱地治理和北丘洼、沙河洼、辛店洼的治理，总称为"一片三洼"。1987年11月，李振声考察禹城试验区后，认为"一片三洼"代表黄淮海平原主要低产田类型，创造的经验特别宝贵。1988年2月26日至29日，中国科学院和山东省德州地区联合举行"科学技术与生产见面会"，李振声在会上作动员讲话。中国科学院24个研究所和4个职能局在会上介绍了251项技术成果，同有关13个县（市）领导、乡镇干部和农民专业户600多人交流和对接。在李振声的倡导下，3月8日，时任山东省委副书记陆懋曾、副省长马忠臣和李振声一起，参加在禹城辛店洼的农业开发万人劳动大会战，下午由山东省和中科院召集参加会战的地、县两级一把手开会，作了进一步部署。会后参加山东片工作的24个研究所的300多名科技人员，从八个方面将工作全面展开。

中科院在黄淮海平原围绕治理中低产田和发展农业生产的联合攻关，在短短几年内取得显著成效。在工作的重点地区，即原来的重灾低产区的鲁西北、豫北、皖北和河北沧州的8个地市，1993年粮食总产净增56亿公斤，年平均增长5.81%；而黄淮海平原全区域年平均增长3.83%，全国同期年平均增长只有1.28%。中科院的示范基地和成果推广不但在8个地市产生了巨大的经济效益，而且为全国农业综合开发的全面展开起到了引路和带动作用，为结束20世纪80年代后期农业徘徊、推动90年代前期的快速发展，以至到1998年全国粮食上到 5000 亿公斤的台阶，提供了重要的技术支持和丰富的技术经验。

"黄淮海战役"不仅为促进我国粮食增产发挥了带动作用，而且在中国科学院成为广为传颂的"黄淮海精神"，其实质就是科技人员艰苦奋斗的献身精神、协作攻关的团队精神、深入实际的务实精神、持之以恒的科学精神。

1986 年 6 月，国务院总理李鹏、国务委员陈俊生和 9 个部委领导同志视察了禹城试验区。1988 年 7 月 27 日，国务院作出了"关于表彰奖励参加黄淮海平原农业开发实验的科技人员的决定"。中国科学院 21 位同志分获一级奖、二级奖和荣誉奖，其中一级奖获得者应国务院邀请，到北戴河休假，并受到党和国家领导人的接见。

1999 年起，我国粮食产量出现了连续 5 年下滑的情况。在这之前，李振声在一些场合就谈过粮食产量下滑的问题，但未引起人们的重视。2004 年，李振声在中国科学人文论坛上发表了题为《粮食恢复性生产，时不我待》的演讲，引起了各方面的关注。"这次人文论坛我觉得是个机会，就做了一些准备。发现问题确实严重，从 1998 年的 10245 亿斤，到 2003 年已经下降到 8613 亿斤，5 年减少了 1632 亿斤；人均粮食从 821 斤下降到 667 斤，相当于 20 世纪 80 年代初的水平，后退了 20 年。我就如实地讲了出去，引起了各方面的重视。"当时，李振声在演讲中分析了减产的原因，发现 70% 以上的因素是粮食播种面积的减少，不到 30% 的因素是粮食单产的下降。即政策因素起了主导作用，因此他提出争取 3 年内实现粮食恢复性增长的建议。从后来实施的情况看，由于中央采取了有力的支农措施，连续多年实现了恢复性增长，2004年恢复到9389亿斤，2005年恢复到9680亿斤，2006年达到9949亿斤，接近1万亿斤。

2005年4月，李振声在博鳌论坛上又有一个发言，广受世人关注。原来，在1994年，美国农业和环境问题专家莱斯特·布朗在《世界观察》上撰文提出了"谁来养活中国"的问题。他的结论是：中国到2030年，若人均粮食消费水平按400公斤计，进口粮食将达到3.78亿吨。而世界粮食出口总量不过2亿多吨。到那时，不仅中国养活不了中国，世界也不能养活中国。

李振声在博鳌论坛上的发言是对10年前布朗"谁来养活中国"论调的回应。"布朗'谁来养活中国'的质疑引起了很大的轰动，当时我认为这对我国的农业发展有警示作用，应该重视，但对一些推论和预测的情况我也有不同的看法。"

当年，博鳌论坛圆桌会议的主题是"中国和平崛起与亚洲的新角色"。当时，应邀出席会议的李振声想到要谈和平崛起，不能避开中国的粮食问题，那就必须对布朗提出的"谁来养活中国"的问题做出回答。在消化和提取了布朗的主要论据和论点之后，李振声分析我国近15年的有关数据，与布朗预测的情况进行对比，结果发现布朗预测的情况与中国的实际不符，于是决定作回应性发言。

李振声激动地说："我们对比的结果是，布朗的推论不正确，不符合中国实际！第一，人口增长速度比他预计的慢了三分之一，布朗预计后40年人口年平均增长1200万，而2003年我国人口实际增长只有761万；第二，人均耕地减少的速度不像布朗预计的那样严重，因为通过遥感测定我国耕地面积比原来公布的传统数字多出了 36.9%；第三，我国粮食 15 年合计进出口基本持平，净进口量只有 879.4 亿斤，相当于总消费量的 0.6%，微不足道！"

站在演讲台上，李振声信心百倍地告诉世界："中国人能养活自己！现在如此，将来我们相信凭着中国正确的政策和科技与经济的发展，也必然能够自己养活自己！"台下随即响起雷鸣般的掌声。

当李振声怀着成功、激动的心情从海南飞回北京的时候，他在机场看到的是臂缠黑纱的女儿——相濡以沫几十年的老伴，在他参加博鳌论坛的当天去世了。但是李振声说："粮食生产是国民经济永恒的主题，这个思想任何时候都不能变。中国的农民是很讲实惠的。要让他们尝到甜头，他们才会安心种粮。国家政策的稳定支持是最重要的。我做了我力所能及的事情，老伴会理解的！"

2005 年 12 月 15 日，联合国世界粮食计划署在北京正式宣布了将于 2005 年底停止对华粮食援助，其理由是：中国政府在解决贫困人口温饱方面已经取得巨大成果，不再需要联合国的援助了。铁的事实证明我们中国人完全能够自己养活自己，这是中国的无上骄傲。

"民以食为天，农业是国民经济发展的基础，粮食是基础的基础。"李振声认为：确保粮食生产稳定增长，一要靠认真贯彻中央支农政策措施，切实调动农民种粮的积极性；二要靠尽快恢复可能的粮食播种面积；三要靠加大对提高粮食单产有关措施的支持力度。

李振声 | 杂交小麦领域的"袁隆平"

小村寨走出的大科学家

"你听说了吗？咱村的李振声获得国家最高科学技术奖了。""咱村里出名人啦，李振声获大奖了。"……一时间，李振声的家乡山东淄博市周村经济开发区南谢村沸腾了，全村的男女老幼奔走相告着同一个消息。

1931年2月，李振声出生在今淄博市一个农民家里，他从小就接触农业，一般的农活都参与过。11岁那年，山东大旱，"我挨过饿，知道粮食的珍惜、可贵"。

据志书记载："1942年，山东大旱，6月始降小雨，秋早霜，高粱受冻无粒，其他作物严重受灾，粮食歉收。1943年，灾荒严重，饿死者、卖儿卖女者甚多，外出讨饭者无数。"李振声还记得，那一年过了年，老天还是不下雨，家里的米缸却早早见了底。那时，正值抗日相持阶段，国民党不断制造摩擦，老百姓的日子可想而知。这连续两年的灾荒，地处今周村经济开发区北的南谢村也没躲过，李振声至今还记得当时艰难的情景。"那几年青黄不接时，榆树叶和树皮都吃光了。葱干蒜皮都是好东西，也有人饿死。那个时候我就明白了'谁知盘中餐，粒粒皆辛苦'的道理。"

尽管当时十分艰难，李振声的家庭还是很重视孩子的教育，总是想尽办法送孩子上学。李振声先是在农村上私塾，后上学堂——小学就读于周村培德小学，后在光被中学（淄博六中前身）念书。13岁那年，李振声的父亲病逝，母亲一人带着4个孩子，日子愈发艰难。李振声靠哥哥在济南一家店铺当伙计的工钱和亲戚的帮助读到了高中二年级。青少年时代的李振声天资聪颖，勤奋好学，但是由于家里实在太困难了，他便想到省城济南托人找个工作，于是辍学了。

一个偶然的机会，李振声在街上看到山东农学院打出的一个招生广告，上面写着"免费食宿"。他心想：天下还有这么好的事，既能上学，还能有饭吃。于是，李振声萌生了继续学业的想法，就抱着试一试的心理报考了，没想到考上了。"这是我人生的一大转折，是济南解放给我提供了这个条件，所以也就对这个机会特别珍惜，学习比较努力。"

新中国成立前的连年旱灾，让李振声对饥饿有着特殊的记忆，而这段刻骨铭心的经历，让他深知"民以食为天"的内涵，立志要让所有人吃饱饭。被山东农学院农学系录取后，他兴奋不已，他成了全村第一个大学生。

"系主任沈寿铨教授是著名的育种专家，曾是燕京大学作物改良试验场负责人，他讲的内容很多都是自己搞科研的体会，内容丰富。沈教授给我们上小麦育种课，讲得很好，从小麦的进化、分类到育种的理论与技术，深入浅出，很有吸引力。余松烈教授讲的遗传课，也很生动——他后来从事冬小麦精播高产栽培技术的研究与示范推广，首创冬小麦精播高产栽培理论和技术。"李振声说，两位教授的课使自己从理论上提高了对小麦育种的认识，为后来的科研工作打下了扎实的基础。

李振声 | 杂交小麦领域的"袁隆平"

"余老师，我来看望您了。"2006年9月29日，出席母校百年校庆活动的李振声走进山东农业大学教授、著名小麦栽培学家、中国工程院院士余松烈的办公室。看到自己的学生，余松烈高兴地迎上前："振声，你好！"两位院士的手紧紧相握。

李振声关切地向老师询问身体状况和工作情况；余松烈十分关心李振声的研究进展，不时地询问。余松烈说："你的工作很有成就，有这样的学生，是当老师最为自豪的。"

在学校读书期间，余松烈是李振声的辅导员，并给李振声等1951届的学生讲授"生物统计"和"遗传学"两门课程。李振声说："我能走上遗传学研究的道路，与老师的教育有十分重要的关系。当时余教授教我们'生物统计'和'遗传学'两门课，他讲课十分精彩，能把深奥的道理通俗易懂地表达出来，特别是遗传学，讲得深入浅出。有一次考试，余教授给了我一个高分，这给我很大的鼓励。"

而后在几十年的岁月里，两人的工作和研究领域又都选定在农业科学上，并都取得了辉煌的成就，站在该研究领域的第一线。几十年来，两人相互尊重，在工作和生活上一直保持着密切的联系，用余松烈的话说："我们当然是师生关系，但从另外一个角度上说，我也把他当作自己的一位值得尊敬的朋友。"

师生相聚总感到时间短暂。分别之前，李振声提出要与余松烈老师合个影。照相时，他执意让老师坐着，自己站着。他说："老师的教诲让我受益终生，在老师面前我永远是学生，对老师要毕恭毕敬。"摄影师按下快门，记录了两位院士感人的师生情。

余松烈得悉李振声获奖的消息后表示由衷的高兴，他说："李振声院士获得国家最高科技奖是党和国家对他长期致力于小麦遗传与远缘杂交育种研究工作的肯定，李振声院士在山东农学院求学期间学习就非常勤奋，同时他的天分很高，人非常聪明，自然他的学习成绩也就位居班级前列了。当然，李振声院士获奖的主要原因还是他后天的刻苦努力，首先是因为他的勤奋，在科学的道路上并没有什么捷径可走，科学研究需要脚踏实地。"余松烈还介绍说，李振声多年来一直关心着母校山东农业大学的发展，对学校的科学研究给出了许多有价值的意见和建议，他还给母校师生作学术报告，并多次捐款。

当年读大学时，山东农学院农场繁殖了山东正推广的齐大195、扁穗小麦、鱼鳞白等几个优良品种。一次，李振声回老家时将学校农场繁殖的这些优良品种带回去种植，"种植后确实比当地老品种增产，乡亲们都来换种。看着这样的情景，我就产生了将来争取搞小麦育种的念头"。

参加工作以后，李振声非常繁忙，但每次回家都不忘带回麦种在家乡田地里做试验。曾任南谢村党支部书记的刘元臣回忆李振声回家时的情景，情绪仍很激动："70年代，振声叔正在研究小麦，每次回到村里，他都会带一些麦种来村里搞试验，返回北京的时候再包一些家乡的土壤带回去研究，看看我们村里的土地到底适合什么样的小麦种子，淄博市乃至全国好多地方的小麦都是振声叔研究的麦种。"刘元臣说，李振声给自己留下的印象就是兢兢业业，来去匆匆。

李振声自离开家乡后，一直关心着家乡的发展变化，每每在报纸上看到家乡可喜变化的报道时都非常高兴，总是剪下来作为收藏。

2005年初，淄博六中开展了新老校友两地情通信活动，04级9班全班同学给李振声写了信。当时，李振声正忙于参加海南2005年博鳌亚洲论坛年会，会后又为刚刚病逝的老伴办理后事，但他仍然给同学们写了回信，字里行间流露出老校友对母校无限的眷恋和美好的祝愿："同学们，看了你们来信中所讲述的母校现在优越的学习环境、现代化的教学设备和由近百名高级教师组成的优秀教师队伍，我十分高兴。在这样的条件下学习，你们是多么幸福啊！我真是非常羡慕你们。你们是新世纪的创造者，是中国和平崛起的未来的栋梁，要肩负起这伟大的历史使命，就要按照'抱璞守真，奋斗超群''从一做起，叩问一流'的学校精神，一步一个脚印地刻苦学习，要真正学懂、学活、学通！"收到李振声的回信后，六中的同学们欢声雷动。

让风马牛不相及的麦草开创中国远缘杂交育种的先河

1951年，李振声从山东农学院毕业后被分配到中国科学院北京遗传选种实验馆工作，这对当时的他而言有些出乎意料。"当时中国科学院在北京的人不多，只有200多人。院部领导就请著名学者给青年人作报告，我便有机会聆听了一些报告。"给李振声印象最深刻的是华罗庚、钱三强和艾思奇所作的报告。"华罗庚先生讲的是怎样学习，概括起来有4句话：天才在于积累，聪明在于勤奋；别人起床时，我已学习4个小时了；我研究数学是从小学教科书的数学一、

二、三、四、五、六册开始的；要学会读书，要能将一本厚书读薄。钱三强先生讲的是怎样做研究。他说：做研究必须注意基本训练，我跟居里夫人做研究工作时，第一个课题花了4年半的时间，完成了做研究的基本训练，包括怎样收集资料，怎样选题，怎样进行试验设计，怎样做调查，怎样整理分析数据，怎样撰写论文等；而当我做第二个题目时，难度比第一个课题还大，但1年半的时间就完成了。所以，他说，认真完成基本训练就为以后的工作打下了基础。艾思奇先生讲的是唯物论和辩证法，使我认识到：对科学研究来说，具有重要指导作用的哲学原理是世界是物质的，物质世界是可以认识的。人的认识，如果能正确反映客观规律，那就是正确的认识，否则就是错误的。按照客观规律办事就能成功，否则就会失败。同时，事物又是不断发展变化的，人的认识要想跟上事物的发展变化，就要不断学习，不断实践，不断提高，才不至落后。几十年的经验，使我深刻体会到，学点哲学的确可以使人做事情少犯错误，做研究少走弯路。"

当时，遗传选种实验馆有遗传组、生理组和栽培组3个课题组，李振声被分到栽培组，师从土壤学家冯兆林从事种植牧草改良土壤的研究，分工负责牧草种质资源的收集、种植与生物学特性的观察研究。几年中，他对800多种牧草进行了较深入的观察与研究。

1956年，为响应国家支援大西北的号召，李振声放弃北京优越的工作和生活条件，背起行李，从中国科学院北京遗传选种实验馆奔赴西部一个名不见经传的小镇——陕西杨陵，在中国科学院西北农业生物研究所开始了小麦育种的研究。从此，李振声开始了在大西北31

年的科研生涯。

这一年，我国经历了历史上最严重的小麦条锈病大流行。小麦条锈病是小麦生产上典型的气流传播的大区域流行性病害，具有发生区域广、流行频率高、危害损失重的特点。刚刚侵入的时候肉眼是看不见的，到了后期病菌症状显示出来，在小麦叶片上会出现一行一行的粉状的东西，乍一看像生锈一样，从远处看小麦叶片是一片黄色的，"像黄锈一样的孢子堆是一行一行，一条一条的，我们叫条锈，即条锈病"。条锈病一旦发生将在大面积范围内流行，会造成小麦产量降低，减产30%到50%，甚至绝收。为此，小麦条锈病这种传染性极强的病害有"小麦癌症"之称，严重威胁着小麦生产。

当时只有25岁的李振声忧心忡忡。他决心从事小麦改良研究，为农民培育出优良抗病的小麦。"引起小麦条锈病大流行的原因是，病菌变异的速度快，育种的速度慢，即8年才能育成一个小麦新品种，而据25个国家统计，条锈病平均5.5年就能产生一个新的生理小种。战胜条锈病成为当时一个世界性难题。"

李振声通过多年对牧草的研究，发现长穗偃麦草等具有非常好的抗病性。于是，他萌发了通过牧草与小麦杂交把草的抗病基因转移给小麦的想法。

事实上，我们今天吃到的小麦，就是最原始的一粒小麦先后和拟斯卑尔脱山羊草、粗山羊草，经过两次天然杂交和长期的自然选择及人工选择进化来的。一粒小麦与拟斯卑尔脱山羊草发生天然杂交后形成了二粒小麦，产量提高了；二粒小麦与粗山羊草发生天然杂交后形成了普通小麦，不仅产量提高了，而且品质有了根本的改善，脱壳研磨后的面粉能够发面做馒头和面包了。但小麦经过数千年的人工选择和栽培，如同温室里的花朵，抗病的基因逐渐丧失；而野草却因无人管理，有非常强的抗病性和抗逆性，在自然选择中得以生存下来。

通过对小麦历史的研究，李振声更加坚定了这一想法。李振声的想法就好比为牧草和小麦进行特殊的"婚配"，让小麦的后代获得牧草的抗病基因。"好比为小麦找一个牧草丈夫，因为是远缘，就像马和驴杂交的后代骡子没有生育能力，所以让小麦的后代获得草的抗病基因，难度非常大。"在采访中，李振声仿佛在给笔者上一堂科普课。

所幸的是，李振声提出的通过远缘杂交将草的抗病基因转移给小麦、选育持久性抗病小麦品种的设想，得到了植物学家闻洪汉和植物病理学家李振岐的支持。为解决小麦条锈病这一世界性的难题，李振声另辟蹊径，对远缘杂交开始进行深入研究和探索。

经过20年的努力，他带领课题组克服了小麦远缘杂交不亲和、杂种后代不育、疯狂分离等困难，将偃麦草的抗病和抗逆基因转移到小麦当中，育成小偃麦八倍体，异附加系，异代换系，易位系和小偃4号、5号、6号、54号、81号等小偃系列小麦新品种，其中仅小偃6号就累计推广1.5亿亩，增产粮食40亿公斤。小偃系统衍生良种70多个，累计推广面积在3亿亩以上，增产小麦超过了75亿公斤。

由于小偃麦的抗病性强、产量高、品质好，在黄淮流域冬麦区广泛种植，于是农村流传开了这样一句民谣："要吃面，种小偃。"可是，李振声笑言："我们今天能吃到发面馒头和面包，应该谢谢大自

李振声 | 杂交小麦领域的"袁隆平"

李振声研究小组合影

然，也要谢谢给小麦提供优良基因的小草。"

农民的儿子最喜欢去的地方是农村

然而，在当时能坚持进行远缘杂交研究并不容易。李振声在1964年的社教运动中就曾受到过批判。"因为远缘杂交已进行了8年还没有育成品种，所以受到研究工作脱离实际的批判。这个课题，虽然受到批判而未被砍掉，主要是在工作开始的时候我有一个远近结合的计划。就是在决定开展远缘杂交研究时，我感到没有把握，怕不成功，所以就同时开展了常规的小麦品种间杂交育种工作，到1964年我们选育的生选5号、6号已开始在生产上推广应用。因此，工作队最后说，他毕竟已有两个品种在生产上发挥作用了，不能说他的工作都是脱离实际的。这样才算过了关。"

在1964年，小麦成熟前连续40天阴雨，到6月14日天气突然暴晴，一天的工夫让几乎所有的小麦都青干了。"我们1000多份杂种中除小偃6号的'祖父'小偃55-6和长穗偃麦草之外，其他全部青干了，而它仍保持着金黄颜色，这是一个十分难得的材料。我们抓住这个材料又经过两次杂交，育成了一个具有相对持久的抗病性、高产、稳产、优质的小麦新品种——小偃6号。"李振声说，对杂种的鉴定与筛选有时要靠机遇与细心的工作。

李振声刚从北京到杨陵时，曾选育出小偃4号、5号。李振声早年课题组成员李璋说："在小偃7014（6号组合）出来的时候，为了区别也便于农民记忆,李老师给它命名为小偃6号。他告诉课题组,谁要是选育出超千斤的品种,就叫小偃1号。"

到了1969年,姚文元写文章说,知识分子学农的不会种田,学工的不会开机器,学文的不会写文章,必须接受工农兵的再教育。"文章发表后,我们有5位同志就被下放到陕西宝鸡县宁王公社联合大队(现宝鸡市陈仓区阳平镇联合村)去蹲点,接受农村再教育——开始主要是参加劳动。"

红薯皮薄,含水量高,不易贮藏,管理不好常常会烂窖。一天,联合4队队长陈子恒的父亲找到李振声说:"你懂不懂红薯储藏?我们队上的红薯烂得很厉害,你来看看。"李振声笑了笑,说:"我也不敢说一定能解决你们的这个问题,不过我还了解一些,可以试试。"

接受采访时,李振声说:"红薯储藏的原理不复杂,第一是控制温度,一般10到15度为宜,低于10度容易出现软腐病,高于15度,会出现黑斑病;其次,湿度不能过大。"当年,李振声检查了联合4队的红薯窖,是窑窖。他用温度计一测,温度太低,只有6度,软腐病很重。于是,他建议用4层草垫子将红薯窑窖的两层窑门封严。很快,温度上来了,红薯软腐病得以控制。这时,李振声能防治红薯烂窖的消息不胫而走。没几天,联合5队的村民也找上门了,李振声赶去一看,是井窖方式贮存的,用温度计一量发现温度太高,达到了16度,加之湿度太大,有些红薯发了芽。于是,李振声采取窖顶打双洞的办法,使空气对流、散热、排湿,问题得到缓解,由此他取得了当地农民的信任。之后,宝鸡县革委会在全县发了通报,宣传联合大队的经验，收到良好效果。

李振声对农民有着深厚的感情：他念念不忘在陕西蹲点的几年中曾在 120 个农民家中吃饭。当年，李振声在联合大队蹲点时，曾在村民李智儿家长时间住宿。李智儿说："老李来我们这里时，是当'臭老九'下放的驻队干部。刚来就住在我们家，他还是学问大，来了后当年就帮村里两个生产队解决了红薯烂窖、在窖内发芽的问题。村里人都说老李是神人。"李智儿回忆说："我们村的人习惯称呼李院士为'老李'。他不善言谈，但却非常平易近人，根本看不出是个大知识分子。这次他得了最高奖，老李多年的心血没有白费呀！"

在农村蹲点期间，李振声考察了生产队小麦苗情，"统计了各队一、二、三类苗的比例，并分别提出了相应的管理措施。有两个队麦田三类苗较多。其中一个队按我们的建议，加强了管理措施，第二年获得了丰收；另一个队没有采取措施，减了产。我们抓住这两个典型进行了宣传，全面推广了小麦丰产栽培措施，第二年本大队，小麦平均亩产从原来的 180 公斤提高到 250 公斤以上，一举'过了黄河'。宁王公社小麦亩产达到 200 公斤，'过了纲要'，大队和公社都被县上评了先进，我也被公社评为学习毛主席著作积极分子，奖励红宝书毛选 4 卷合订本一本"。说起当年的这些故事，李振声脸上洋溢着特有的自豪感。

李智儿则这样回忆："老李改变了我们这里浇麦不打粮的观念，在我们村推广小麦冬灌技术，第二年就让小麦每亩增产不少；在这儿推广小麦条播、宽窄行播种技术，又让小麦每亩增产了 100 多公斤。

老李在这儿下放 4 年，经常给村里的干部上课。村里小麦亩产在宝鸡是最高的，十里八乡的干部都来我们这里参观学习。"李智儿补充道："老李那人，知识渊博，多么高深的知识，都能用我们农民听得懂的话讲出来。"

几十年来，李振声走到哪里就把技术带到哪里，哪里的小麦就增产。为了推广新技术，李振声费了不少心血。由于习惯于传统栽培方法，不少农民对有关技术持怀疑态度。李振声就把技术送上门，反复宣传新技术要点及将会产生的高效益。他还在小麦生长期间，带着助手到农民的麦田具体指导，农民按他说的去做，到第二年示范田比对照田每亩增产几十公斤。这下农民服气了，纷纷要求李振声来指导生产。看到新技术在神州大地开了花，小麦取得丰收，李振声感到无限欣慰，因为丰收的果实里凝结着他的心血。

李振声常言自己是农民的儿子，他最喜欢去的地方是农村，最乐意与农民交朋友。这些年来，他与李智儿的情缘不断，常常有联系。2000 年左右，李智儿去北京，李振声还特意拉着他开了一次洋荤——吃麦当劳。李振声获得国家最高科技奖的消息传来后，李智儿特地给他带来家乡的土特产及李振声所培育、推广的小偃新品种小偃 54 做成的面条，可谓情真意切。

真正给我打分的是农民

"小偃 6 号的育成和大面积推广，证明远缘杂交确实是改良小麦品种的一条重要途径。但是，育种过程耗费的时间太长（20年），别人很难重复。"李振声还利用在小麦远缘杂交中获得的蓝粒小麦，创建了一种新的蓝粒单体小麦系统。这种小麦在一个麦穗上可长出4种不同颜色的种子：深蓝、中蓝、浅蓝和白粒。小麦的胚乳是营养细胞，不传代，但其颜色变化可作为遗传标记，用于鉴别其胚细胞和传代的染色体数目，这样就不必通过显微镜检测，只需观察种子颜色就可知道后代的染色体数目。"深蓝的42条，中蓝和浅蓝的41条，白粒的40条。40条染色体的小麦叫缺体，用它与远缘植物杂交，可以较容易地将外源染色体转移到小麦中。"从而，李振声解决了过去小麦染色体工程育种中必须进行大量染色体鉴定的难题。

随后，李振声又通过大量缺体单株自交和连续选择，育成了可以自花结实的缺体小麦株系，并利用这些株系建立了快速选育异代换系的新方法——缺体回交法。这是一项国际首创性成果，利用这一方法育成了小麦—黑麦异代换系——"代96"。这一原创性成果，在1986年中国西安召开的首届国际植物染色体工程会议上，受到15个国家100多位中外专家的充分肯定，其中包括美国、英国、瑞典、日本等国家的遗传学会主席。1993年，李振声在北京主持了第八届国际小麦遗传学会议。这项工作扩大了我国小麦遗传育种研究在国际上的影响，也为植物细胞和染色体工程国家重点实验室的建立奠定了基础。

20世纪80年代以前，我国的施肥量与粮食产量是同步增长的；80年代以后，施肥量还在增长，可是粮食产量却没有增加。这样不仅浪费资源，化肥流失到江河湖泊中还污染环境，引起水体"富营养化"。

当时北京郊区的农民有句顺口溜,说农业生产"一靠政府,二靠天,三靠美国的磷二铵"。我国的磷矿主要分布在西南地区,开采难度大、品位低,所以很多磷肥都要靠进口。李振声开始琢磨:我国的磷矿资源再有100年就开采完了,有什么办法能给国家节省点磷矿资源呢?能不能在生物技术上想想办法,提高作物对土壤中本身含有的磷的吸收利用效率?这样不仅可以利用现有资源,还节省了化肥,保护了环境。

于是,李振声开始了艰苦卓绝的探索。他在今北京市昌平区建立了一个育种基地。基地刚建起来的时候,没有食堂、没有卫生间、没有围墙,连路都不通。李振声就带个饭盒,在田里一待就是一天。为了找到能够高效吸收利用土壤中磷的小麦种质资源,他耐心地对种在花盆中的数千份种质进行筛选。

功夫不负有心人,李振声最后发现了一批"磷高效"和"氮高效"的小麦种质资源,并研究揭示了其生理机制与遗传基础。在此基础上培育出来的小麦新品种——小偃54能高效吸收土壤中的磷,被列入农业部跨越计划,在河南、陕西等省累计推广700万亩。随后,他又通过多学科交叉与合作,开展了提高小麦个体和群体的光合效率以及光合作用产物的优化分配研究,解决了过去长期存在的优质和高产之间的矛盾。这项成果不仅节约了国家资源,还减少了化肥对环境的污染。

20世纪90年代初,李振声就提出了走资源节约型高产农业道路的可持续农业发展观。他所秉持的"少投入、多产出、保护环境、持续发展"的小麦育种新方向已经成为育种界的共识，并成为农业 973 项目研究的重要指导原则。

经过刻苦努力，李振声取得了一系列科研上的成绩。李振声对农业科技事业的执着追求从未动摇过，即使在"文化大革命"中也没有间断过。他曾经担任中国科学院西安分院院长、陕西省科学院院长等职务。20 世纪 80 年代初，上级组织曾考虑让他担任陕西省副省长一职。为了挚爱的科技事业，他毅然放弃了。后来，陕西省人大常委会常务副主任魏明海专程到他家中去看他，一见面就说："振声，我们是老朋友了，说心里话，想做官还是想做研究？"李振声回答说："你曾在宝鸡工作多年，我们是十多年的老朋友了，我的性格你也知道，不适合做官，做研究更能发挥我的作用。"即使后来到京任中国科学院副院长一职，李振声也从来没有中断过业务研究工作，75 岁时还担任着植物细胞与染色体工程国家重点实验室的学术委员会主任、研究员。

李振声声名鹊起，各种奖励接踵而至。1985 年获国家技术发明一等奖，1988 年获陈嘉庚农业科学奖，1995 年获何梁何利科学与进步奖，2005 年获首届"中华农业英才奖"，2007 年获 2006 年度国家最高科学技术奖。但李振声最热衷的仍然是到田间地头去看小麦，他说："真正给我打分的是农民。"语言朴实，却振聋发聩。

淡然直面捐巨奖背后的是是非非

严谨而不失温和，衣着朴素而精神矍铄，作为来自农民家庭的科学家，李振声始终在为中国人民的"吃粮"问题奔忙。一般人难以把他和中国科技最高奖联系起来，一般人也难以认出我国小麦远缘杂交的奠基人就是眼前这慈祥朴实的老者。

这位从胡锦涛总书记手中领过2006年度国家最高科技奖的著名小麦育种专家，在走出人民大会堂之后，被一群"粉丝"围得水泄不通，动弹不得。大家簇拥着他，纷纷请求："您给我签个名吧！"他一笔一画地认真签着，人越来越多……虽然人群在他的前方让出一些空隙，但没走两步他就不得不又停下来。就这样走走停停，从人民大会堂里面到外边广场不足500米的距离，他足足花了半个多小时。

根据有关规定，国家最高科学技术奖奖金数额为500万元，450万元由获奖人自主选题，用作科学研究经费，50万元属获奖人个人所得。接受采访时，李振声表示，将把50万元的个人奖金全部捐给中科院遗传发育所，作为困难学生的助学基金，助经济困难学生一臂之力。在荣誉面前，李振声显得很淡定恬然。他告诉笔者，自己对物质生活没有太高的要求，平常就是粗茶淡饭，生活上他很知足，孩子们也都同意了。谦逊和蔼的微笑一直挂在脸上，他的淡泊严谨感染了笔者。

钱财对于李振声来说是身外之物，这么多年来他得了多项奖励，此前所有的奖金他都是和同事、学生一起分享。他的道理很简单："所有的荣誉都是集体的，大家都付出劳动，报酬理应每人都有。"

李振声的生活非常节俭。在实验站调查时，他与大家吃在一处，从不搞特殊。他深知农民种田不容易，从不浪费粮食。身教重于言教，与他一起工作的许多同事和学生深受感染，都把节俭朴素作为自己的行为准则。

中国的知识分子，历来具有甘于清贫、乐于奉献的传统美德。这一点，在李振声的身上又一次得到充分的体现。的确，按照设奖原则和颁奖目的，个人奖金是完全给予科学家本人的：捐奖诚可贵，不捐亦坦然。有人说："虽然李院士的行为很朴素，很自然，不含任何'作秀'的动机，难能可贵，然而他不必慷这个慨。……国家科技大奖不是道德上的奖掖政策，似乎不宜以个人道德境界的标准来处置所获得的奖金，否则就容易使这一政策出现目标偏移的结果。"同样有网友说："现在科学家李振声把奖金公开捐出去了，的确说明科学家李振声思想高尚，但这样一来，以后获得奖金的科学家怎么办？"

据了解，在参评国家最高科技奖时，李振声便不同意申请评奖。"我觉得国家已经给了我很多荣誉。但这是集体的成就，所里也一直坚持，大家觉得应该参加评奖。"他说，如果一定要说成绩，他觉得自己工作做得比较超前，有一些开创性。

对于社会上争论他捐奖金一事，李振声说："我没觉得把奖金捐出去是一件很大的事情，心里很淡然，没想到会引起这么热烈的反

李振声 | 杂交小麦领域的"袁隆平"

本书作者余玮专访国家最高科技奖获得者李振声,并在其实验室合影留念

响。"他之所以把奖金捐出去，首先还是因为他取得的成就"确实来自集体的艰苦奋斗"，此外"我们都是从艰苦年代走过来的人，习惯了俭朴的生活，没有什么过高的物质条件要求。子女们收入也很稳定，有这个条件把奖金捐出来。当初决定把奖金捐出去，是很自然的想法，没有要突出自己的意思"。

"我的做法不应该成为先例。"他说，获奖者把奖金留下用于贴补家用、改善生活，合情合理。如果有的获奖者本身家里就有实际困难，"就更应该把奖金留下，安排好生活，才能更好地搞科研"。

记得在 2006 年的国际数学家大会上，全球数学最高奖——菲尔兹奖得主之一的俄罗斯数学家格里戈里·佩雷尔曼拒绝领奖。美国《纽约时报》的一篇报道开头以"佩雷尔曼，你在哪里？"来表达对这位不追名逐利的天才数学家的敬佩。而纽约州立大学数学家迈克尔·安德森更是高度评价"佩雷尔曼来过了，解决了问题，其他的一切对于他都是肤浅的"。其实，李振声的行为何尝不是如此？

李振声崇高的人格魅力使他成为中国科学家的一面旗帜和榜样。李振声，擎起的是知识分子的风骨，高扬的是社会道德的风范，可佩可敬！

知情人视野里的魅力

"我和李振声同年生人，小时候天天在一块玩！"山东省淄博市南谢村的戴立业老人，回想起小时候和李振声一块上树掏鸟蛋时的情景，禁不住笑出声来。据戴立业回忆，他们十三四岁的时候，村头有一座庙，庙里有棵参天大树，他和李振声常去那里玩，还上树掏鸟蛋。"李振声比较老实，他爬不上树，就站在树下等着，我爬到树上掏了鸟蛋以后，就朝树下大声喊，要往下扔蛋，他在树下用破棉袄接着，可是树太高了，鸟蛋落在棉袄上还是碎了，看着破碎的鸟蛋，我们好一阵心疼。"

后来李振声在外上学工作，戴立业也参了军，两人很少见面，但儿时的友谊一直保持着。李振声每次回老家都要到戴立业的家里看看，两人拉拉家常，说说小时候的事情。"虽然李振声的职务越来越高，但他还是那么平易近人，看到乡亲总是热情地迎上去。"

在弟弟李永渚的印象里，二哥很老实。"我比二哥小一岁，小时候他在家里干活是最多的。"李永渚讲，他和妹妹年龄比较小，而大哥比较顽皮，所以家里有个打油、抓药的活儿，都是叫李振声去干，李振声干的活最多，挨的训也最多。

"父亲去世很早，母亲在世的时候，二哥差不多每年都要回来一次，母亲去世后，他回来就比较少了。大哥生病的时候，他虽然工作繁忙，总是抽空给大哥寄钱、寄药——现在，大哥李永泉已经过世。在济南有一个妹妹李永颖。"李永渚说，李振声每次回来，村里人来看他，他总是紧紧握着大家的手，那么亲切、自然，没有一点儿架子。

妹妹李永颖一直沉浸在自豪和骄傲中，每当在电视上看到哥哥，她就激动好久。在妹妹的记忆中，印象最深刻的就是哥哥李振声一直往家里寄钱。"年年如此,几十年来哥哥从来没断过。给母亲寄,给大哥寄,给侄子寄。那时候家里所有的费用几乎都是他寄来的。"言语中,李永颖对李振声充满了无限的感激,神情中流露出无限的亲情。在李永颖的印象中,哥哥还给很多远房亲戚寄过钱。"凡是对我有恩的人,我都要一一报答。"李振声多次在李永颖面前提起这句话。

起初李振声的工资并不高,可是他往家里寄钱的习惯却从来没改变过。李永颖说,哥哥对钱看得很淡,他关心的只有他的科研成果和国家的小麦产量。

2000年前后,李振声回老家的时候,区政府专门为他准备了一辆车,可是他从来不用,吃完晚饭后他把司机打发走,独自骑着一辆破自行车去母校转转。李振声每次回老家,省里的领导问他有什么需要时,他从来都是说"没"。妹妹李永颖的4个孩子工作一直不称心,家里日子也过得很清贫,老人住的房子是租的,可是李振声从来没利用自己的职务为家人走过"后门"。李永颖告诉笔者,他们兄妹3个商量好绝对不能麻烦二哥,不能利用他的职务办私人的事。

李振声的忘我工作让他错过了很多和家人团聚的机会,可是家人从来没埋怨过他。13岁就失去父亲的他,帮着母亲担负起养活家人的重担。但后来李振声一直长期在外搞科研,母亲去世的时候他还在实验室里。"我们都不怨二哥,母亲病得很重的时候他回来住了一段时间,可是他太忙又被领导叫走了。母亲也理解,她知道儿子是国家的人。"说起哥哥没见到母亲最后一面,妹妹李永颖表示很理解。李振声就是这样一位不为名利,只为工作和科研的执着追求者。

2003年，李振声的爱人因脑出血卧床不起，病情时好时坏，大部分时间都靠输液。从爱人生病到去世的两年半时间里，李振声每天都要两次去医院照顾病人，风雨无阻，医院里的人都被感动了。病情好转时，他将爱人接回家里，她的饮食、起居、活动护理详细记载了厚厚一本，护理的细致程度就像他搞科研一样。由于长期劳累，他也病倒了，大把吃药，可是他却没放弃科研事业，一方面照顾着患难与共的妻子，一方面照样每天工作到很晚。

女承父业。李滨是李振声的二女儿，在陕西长大，1987年才回到北京，当时29岁，一直在李振声课题组工作，她印象最深的就是父亲对工作的严谨。她说："记得有一年写调查报告，父亲每天都睡得很晚，似乎梦里也在思考，想到什么问题，马上扭开台灯把问题记下来。那段时间，父亲的卧室经常在半夜或凌晨透出光亮。"在女儿的心里，父亲永远高大。"父亲为人正直严谨，谦和宽容。工作时一丝不苟，生活上但求温饱，他几乎是个完美的人。"李滨说，"父亲对工作的严谨贯彻始终。他64岁时，因工作需要向沈允钢院士、匡廷云院士请教有关光合作用的知识和研究方法。他听说中午时叶子的气孔会关闭，就和匡院士大日头底下一起跑到田里观察叶子。"

"叔叔俭朴、和蔼，做事认真仔细，尽管和我们在一起的时间不多，但他的一言一行却一直深深影响着我。"李振声的侄子李树桐谈起叔叔对他的关爱和对父老乡亲的深情时十分激动。李树桐一直记得六七十年代家里收到叔叔来信的情景："那时家里没有电话，叔叔每次来信总是要问问我的学习，让我们这些晚辈好好读书。他写信总用铅笔，信纸正反两面都写得满满的，一点也不浪费。当时，家里生活不宽裕，叔叔总是把他的旧衣服寄回来，衣服上补丁套补丁。其实叔叔尽管在大城市，但生活一直很俭朴。他从年轻时就戴眼镜，一副圆形的镜框一直用到80年代末。"

"叔叔生在农村长在农村，后来又研究农业，对土地、对父老乡亲总是念念不忘。还是生产队时，他只要一回老家，必定要到地里看看。很多乡亲向他请教田间管理技术，他蹲在地里一点一点地讲解。一次，正好是夏天，他戴着草帽和乡亲们在地里察看快要收割的小麦。下午1点多了，叔叔还在不厌其烦地回答老乡提问，我到地里喊他回家吃饭，他总是说'不慌不慌'。不只对小麦，他对棉花、高粱甚至旱情都非常关心。他那么忙，有一次回来还和我们摘了一个小时棉花。"李树桐对叔叔回家时的点点滴滴记忆犹新。

李振声的外孙李亮从小时候起，就看到外公在阳台上种上了小麦。"最先用陶瓷的小盆种，后来改用专门的培养箱。"李亮印象中，最多时阳台上有五六箱麦苗。这些宝贝，外公不让孩子碰，李亮他们也很乖，小时候在阳台上玩也生怕碰到麦苗。而每当外公出差，李亮就主动承担照看麦苗、浇水松土的任务。读初中时，很多同学从没见过麦苗，麦子韭菜不分，那时李亮就是班里的专家。

说到李振声，跟随了李振声10多年的童依平研究员感慨良多："先生非常关心后辈，是一个很有人情味的人。"

1999年5月初，李振声安排童依平带着学生往100多公里外的海拔1000多米的中国科学院的一个生态站送小麦苗，进行小麦加代试验。谁知，天快黑的时候，卡车因为故障坏在了半路，没有办法前进。那个时候手机信号还没有覆盖到这个地区，童依平没有办法跟外界取得联系，他们被困在山沟里了。在北京的李振声一下子断了和他们的联络。

李振声往生态站打电话，得知童依平还没有到达目的地。送小麦的车也没有回到所里。肯定是车在半路出问题了！

李振声当时就叫上一个修车师傅，带上爱人一起开车去灵山，这时已经是凌晨2点多了。那时，虽然北京已经进入5月，但是山里的凉意还很浓，更何况是在夜里！对于一个快70岁的人来说，这未尝不是一个考验，而且爱人也跟着去了。可是李振声没有想那么多，他担心的是自己学生的安全。

"也许是天黑路不熟，李先生没有看到我们停在路边小店旁的车。他们开车到了生态站。得知我们还没有到那里，先生就往回找我们。当他找到我们的时候，已经是早上6点了。这次以后，师母的身体健康受到很大的影响。"这件事情过去了很多年，童依平谈起来依然非常感动。

作为李振声的学生，童依平对当初报考博士生的情景记忆犹新："带着对李先生的崇敬之情，我报考了他的研究生。很幸运，我如愿以偿地考入中科院遗传发育研究所，成为李先生课题组的一名博士研究生。对待科研工作，李先生一贯严肃认真、一丝不苟。他十分关心学生的研究进展，总是主动与学生交谈，交换研究思路。"

"授之以鱼"不如"授之以渔"。李振声指导学生，跳出了单纯的知识传递，更注重培养学生提出问题、认识问题和解决问题的能力。在科研方面，他给学生足够的研究空间，鼓励青年人发挥创新精神，对自己感兴趣的问题进行研究。

2005年元旦，童依平等一行给恩师拜年。李振声利用这个机会，精心挑出许多人生格言，讲给学生们听。"老师亲自念给我们听，每念完一条又给我们讲他对这句话的理解，这里面饱含他对事业、家庭的感悟以及对待失败和成功的正确态度。"

老一辈革命家陈云做财经工作的一个重要方法是调查研究。每解决一个重要的财政经济问题，每作出一个重大的经济决策，陈云事前都有一个深入细致的调查研究的过程。在谈到决定政策与调查研究时，陈云曾指出："重要的是要把实际看完全，把情况弄清楚，其次是决定政策，解决问题。难在弄清情况，不在决定政策。只要弄清了情况，不难决定政策。我们应该用百分之九十以上的时间去弄清情况，用不到百分之十的时间来决定政策。这样决定的政策，才有基础。"当读到陈云那句"我们应该用百分之九十以上的时间去弄清情况，用不到百分之十的时间来决定政策"时，李振声反复对前来拜年的学生们说："搞科研，甚至要把百分之九十九的时间花在调查研究上。这样得出的结论才算是水到渠成。"

李振声是这样说的，也是这样做的。小麦育种是李振声课题组主要研究方向之一，在整个小麦生长期里，他经常前往研究所农场试验田，调查麦子的生长状况。一年四季，在田间地头总可以看到李振声忙碌的身影。有时候，突然发现一个好材料就像找到了一件宝贝，他高兴得像个孩子，并且总能想出办法把这个材料尽快用到育种工作中去。往往在田间工作大半天，助手们都感到有点儿累了，但他仍然不知疲倦地调查记录。童依平说："李先生这种对工作的热忱和激情鼓舞着后辈，让我们感受到他对待本职工作的朴素的情感。"

"创新"是李振声一直提倡的观点。他说，科学研究本身就是不断发展变化的，人只有不断地学习才能在做研究的时候有所创新。"书本上的知识都是间接知识，是别人总结出来的。要坚持科学创新，必须得把书本中的知识拿到实践中去验证。当你发现书本知识和实际情况不一样，有问题的时候，那就是创新的起点了。"

在一系列的成绩和荣誉面前，李振声始终保持着谦和、诚恳的本色，无论担任多高的职务，他都始终如一地尊敬自己的老师。李振声在西安工作的时候，当得知余松烈院士来西安出差的消息后，他就偕同爱人登门看望自己的老师，并诚恳地把老师邀请到家里吃饭。尽管两人都是院士，但由于一位属于中国科学院，一位属于中国工程院，在北京开院士大会的时候两人并没有太多见面的机会，而且开会期间每位院士的日程都安排得相当紧凑，尽管如此，李振声依然在每一个可能遇到的场合，向老师余松烈嘘寒问暖。

山东农业大学农学院的退休教授尹承佾是李振声在山东农学院求学期间的同班同学，谈起自己的老同学李振声，尹承佾十分兴奋。尹承佾一直记得大学毕业时，自己和李振声以及另外一位同学共同完成毕业论文的情形。当时李振声对自己要求很严格，哪怕是一个细微的知识点他也要寻求验证。自己在工作中由于研究方向的接近经常与老同学交流切磋，他发现李振声在为人处世上还保持着以前谦和有礼的态度，做事情依然很扎实，"有一说一"，从不说自己做不到的事情。

"长期以来，您一直坚持工作在第一线，在农业学科研究领域里孜孜以求，为我国小麦产量的提高和品质的改善作出了突出贡献。今天我代表中科院党组前来给您拜年。"2007年春节前夕，全国人大常委会副委员长、中国科学院院长路甬祥紧紧握住李振声的双手说。

"也许我们需要更新农业的概念。农业不仅仅指粮食，还有更多的含义。"谈到我国的粮食问题，路甬祥与李振声探讨说，"现在人们已不满足于吃饱，随着生活条件的改善，人们更加关心营养结构，我们需要走优质高产的农业发展道路。"李振声回应道："是啊，我们不仅需要多生产粮食，还要生产品质更好的粮食。"路甬祥与李振声还讨论了作物品种、生物安全和科技人才培养等问题。

临别时，两位科学家聊起了业余爱好。路甬祥指着李振声家客厅墙上一幅"宁静致远"的书法作品说："您的书法见长啊！"李振声笑着介绍，退居二线后，自己最初摸索着写写画画，后来中科院邀请欧阳中石先生为离退休人员作指导，他的书画才算逐渐入门。

李振声的女儿李滨说："父亲平时没有什么爱好，不会抽烟，也不会打麻将。就是看看电视，散散步，常常去小麦育种基地走走。工作之余，有时就在家练习书法。"

"以后，我要读读书、看看报，做一些力所能及的农业咨询工作。最主要的是着力培养青年一代，促进他们的工作有更大的发展。'长江后浪推前浪'，只有年轻一代上去了，科学才有发展。"李振声这样安排自己以后的工作。

"苍龙日暮还行雨,老树春深更着花。"以"农民的儿子"自居的李振声始终以这种质朴的情怀,关注着中国农业的发展。"我们一定能够看到,在祖国的大地上,农业会持续发展,农民会不断增收,农村将走向繁荣。"李振声表示,今后他"要在节约资源和提高资源利用效率上、在加快科技成果转化和提高农产品科技含量上下大功夫,多出看得见、摸得着、用得上的科研成果,用科技造福亿万农民"。

李振声在家中墙上贴着的自律格言是"做人:严以律己,宽以待人;做事:大处着眼,小处着手",而在科研中,他常常想到的是顾炎武的名言"以兴趣始,以毅力终"。诚然,积跬步方能致千里。无疑,这种兴趣就是一种忧国忧民的情怀,就是一种崇高的理想和追求,而正因为有了这种让农民日子过得更好的人生目标,李振声在枯燥的实验田地里才能执着坚守,壮心不已,奋斗不止……

蔡昉

"穷人经济学家"掬尽心智

C A I F A N G

大国
小康

CAI FANG

蔡昉，著名农业经济学家、就业问题研究专家，有"穷人经济学家"之称。1956年9月出生于北京，1982年毕业于中国人民大学农业经济系。历任中国社会科学院农村发展研究所农村发展理论研究室主任、中国社会科学院人口研究所副所长及所长、中国社会科学院人口与劳动经济研究所所长、南水北调工程中线干线工程建设管理局（中线局）副局长兼漕河工程建设管理部副部长（挂任）、《中国人口科学》杂志主编，现为中国社会科学院副院长、党组成员、学部委员。曾为北京市人口学会副会长、中国人口学会副会长、中国农业经济学会副会长、中国西部开放促进会理事、中国城市科学研究会常务理事、农业部软科学委员会委员、劳动和社会保障部专家委员会委员、国家"十一五""十二五""十三五"规划专家委员会委员；当选过第七届全国青联委员与第九届、十届全国青联常委；系中共十七大、十八大代表，十一届和十二届全国人大常委会委员、农业与农村委员会委员，十三届全国人大常委会委员、农业与农村委员会副主任委员。

———

他是国家制定"五年规划"的专家智囊团成员。

他是"穷人经济学家",却很富有。

他是社科研究"国家队"中的实力派。

一个寒冷的上午,蔡昉在中国社会科学院接受了笔者的专访。采访结束之时,一束暖暖的阳光透过窗户照射进来,让人感受到丝丝春天的气息……

细述有获得感和幸福感的全面小康

全面建成小康社会要求人民生活水平和质量普遍提高,使全体人民在共建共享发展中有更多获得感。因而,仅仅达成经济总量和城乡居民人均收入翻番的数量目标并不意味着建成了全面小康社会,而必须明显缩小城乡之间、地区之间和社会群体之间的收入差距。蔡昉认为,缩小收入差距,要求扩大基本公共服务供给并提高其均等化水平,不仅要做大"蛋糕",还要分好"蛋糕"。随着社会保障体系建设和劳动力市场发育,我国在基本公共服务均等化和缩小收入差距方面的政策努力已经取得明显效果,但是仍需显著加大再分配力度。从那些收入差距较小的发达国家经验看,再分配政策可以把初次分配的基尼系数进一步降低 36.2%。这表明,在不损害劳动力市场机制的前提下，在财政税收、扶贫济困工作和社会保障等基本公共服务供给方面，仍要发挥政府再分配作用。

言及实现全面建成小康社会这个奋斗目标，蔡昉认为应把握两个关键词：一是"小康"，这是对发展水平的要求；二是"全面"，这是指惠及全体人民，体现发展的平衡性、协调性和可持续性。"小康不小康，关键看老乡"，正是对这两个关键词之间逻辑关系的高度概括和生动阐释。在全面建成小康社会过程中坚持以人民为中心的发展思想，就要把实现人民幸福作为发展的目的和归宿，使全体人民在共建共享发展中有更多获得感。"全面小康是全体人民的全面小康，必须注重补齐贫困地区和贫困人口脱贫这块短板，着力推进精准扶贫、精准脱贫。我国经济社会发展仍然不平衡，还存在各种因素造成的贫困现象。从群体角度看，特别要关注农村贫困人口以及老年人、残疾人、农村留守儿童和妇女等特殊困难人群；从区域角度看，农村、边疆地区、革命老区、民族地区、贫困地区是全面建成小康社会的难点和重点。"蔡昉说，只有加强公共产品和服务供给，从培育贫困地区和贫困群众的发展能力、促进发展机会均等化、完善发展的基础设施等环节入手，才能使全体人民共同迈入全面小康社会。

蔡昉认为，全面小康社会，不是单纯用国内生产总值（GDP）总规模来衡量的小康社会，也不是仅仅用平均数来表达的小康社会，而是全体人民都能切身感受到的全面的小康社会。只有在五大发展理念（创新、协调、绿色、开发、共享）的指导下，通过一系列重大战略、政策和举措的实施，着眼于把五大发展理念实际转化为人民群众看得见、摸得着、有获得感和幸福感的发展成果，才能实现我们的目标。

实现发展成果由人民共享的途径，既包括政府努力提供越来越充分的公共产品和服务，也需要建立必要的激励机制，以最广泛地汇聚民智、最大限度地激发民力，实现全民共建共享。蔡昉说，人民福祉的不断增加乃至达到全面小康社会标准，取决于市场产品和公共产品（服务）的不断增加和公平享有。"在市场产品供给领域，要坚持市场机制配置资源并提供激励信号的原则，让广大人民群众依靠自己的智慧和劳动致富。在公共服务供给领域，政府既要承担责任，也要有所为有所不为，即坚持普惠性、保基本、均等化、可持续方向，确保基本公共服务供给；同时创新公共服务提供方式，广泛吸引社会资本参与，增强一般公共产品和服务的共建能力，增加供给数量、丰富供给类型、提高供给质量和效率。"

共享发展与共同富裕是渐进的过程，以发展和社会财富扩大为前提。在蔡昉看来，要处理好做大"蛋糕"和分好"蛋糕"的关系。"蛋糕"做大了需要公平分享，而公平分享的前提则是"蛋糕"不断做大。一些国家在中等收入阶段长期徘徊不前的教训之一，就是做出过多的公共产品供给承诺，最终却口惠而实不至，还损害了效率原则。我国人均国内生产总值已进入世界银行定义的中等偏上收入国家行列，但我国仍处于并将长期处于社会主义初级阶段的基本国情没有变。无论加强社会建设还是改善民生，都要从这一基本国情出发，尽力而为、量力而行，不能提出超越阶段的目标和要求。

蔡昉指出，通过脱贫攻坚，中国总体上消除了绝对贫困，对世界减贫作出了巨大贡献。"下一步要建立解决相对贫困的长效机制，保持政策稳定可持续，巩固脱贫成果，密切关注和积极应对劳动力外出减少等新的致贫因素，应对农业特有风险和市场风险等冲击型贫困现象，探索长期可持续减贫战略。"

"文革"知青接到"天上掉下的馅饼"

1956 年，蔡昉出生在北京。"小学有拉练，学农。在农村我上过一年高小，高中毕业后到北京郊区顺义插队过 3 年。"蔡昉说自己与农村结缘比较早。"文化大革命"中，蔡昉的父亲在山西某镇一所中学教书。在小学的最后一年，蔡昉被送到了这里。他的同学大部分是农家子弟，在与同学的亲密接触中，他开始参与到农村生活中：割兔草、刨秸秆，每日放学后，邀上三两伙伴，一起到很远的野地里去割草，有种交游天下的感觉。

大城市的孩子初到农村，什么都不懂。蔡昉清晰地记得一件事：一天，在田野里，他看到一个玩伴赶着驴车得意扬扬地从同学们面前经过。于是蔡昉问周围的人，那是他家的驴吗？没想到引来哄然大笑。笑过后，有人告诉他："那是生产队的驴，个人家里是不可能有驴的。"或许，这时的蔡昉有了关于所有制的第一个概念。

儿时的蔡昉从来都没有想过今后会成为一名学者，中学一毕业他就被派去北京郊区插队。那时的蔡昉，唯一的想法就是能够招工回城，最大的愿望是当产业工人。

1977年8月，刚刚复出的邓小平主持召开科学和教育工作座谈会，做出于当年恢复高考的决定。同年10月22日，《人民日报》刊登了《就今年高等学校招生问题，教育部负责人答记者问》的报道，正式宣布了恢复高校招生考试制度的消息。古人在论及人生大喜时，常用"久旱逢甘雨，他乡遇故知，洞房花烛夜，金榜题名时"之类的话来形容，其中有的比喻虽然不甚贴切，但也道出了一种人生体验。而20世纪70年代末的广大知识青年在听到高等院校恢复招生考试的消息后，确实有一种"漫卷诗书喜欲狂"的感觉。

"就像一个人在暗夜里走路，四处一片漆黑，你原来不知道该往哪里走，不知道前途在哪里，已经绝望了，突然，前面出现了一点火光，你立刻知道自己有希望了，知道方向了，你就会本能地、不顾一切地向那火光奔去。"蔡昉在谈到当年得知恢复高考的消息后内心的感受时这样形容。

"那是我人生的一次重大改变！人有时也是需要运气的。"其实，这不仅仅是蔡昉的运气，也是他们那一代人的运气，更是那个时代的好运！多少中国人一听到恢复高考的喜讯眼圈一下就红了，浑身都在发抖！那种震撼，那种兴奋，这么多年过去了，对蔡昉来说仍然记忆犹新！

当时，报名参加高考的人很多，人潮不断地涌来涌去，一会儿涌到这个门口，一会儿涌到那个门前，经过几度推推搡搡，终于在一个门口排起了长队，每人从工作人员手中领到一份高等院校考生登记

大 国 小 康

中学时，蔡昉（二排右二）与同学在一起

表，限一周内填好交回去。这么多的考生，自己能考上吗？蔡昉不禁心生疑虑。但看到有的考生一拿到高等院校考生登记表，就迫不及待地以花坛为桌子，在报考志愿栏中写上了"青华大学"时，蔡昉觉得踏实了，心中想，就凭你们把"清华大学"写成"青华大学"的水平，就不一定能考上。

回到家里，在填写高等院校考生登记表中的"报考志愿"这一栏时，蔡昉颇为踌躇。就自己本人的特长和爱好而言，应当报考大学的中文系。但是当时全国上下充满了"实现四个现代化，关键是科学技术现代化"的宣传，每一个有志青年无不愿在实现"四个现代化"的奋斗目标中贡献一份力量。蔡昉起初也认为，学习自然科学，毕业后当个工程师，通过自己的技术，可以直接为国家实现"四个现代化"贡献力量；而学习社会科学，毕业后对实现"四个现代化"的贡献是间接的。

经过认真思索、反复权衡，并征求父母、亲友及中学老师的意见，蔡昉最终在第一志愿一栏填报了中国人民大学，专业则选择了农业经济系。在谈到报考大学所选择的专业时，蔡昉说：一是因为他有农村生活经验，同在城市生、城里长的人相比，自己与农村、农业、农民的渊源或多或少要深一些；再就是他征询了老师等人的意见，认为报考文科不能抱着中文、历史不放，因为今后的社会是法治的社会，是以经济建设为中心的时代。当时，第一次公布的专业目录中没有法律，也没有工业经济之类可以在城里干的建设事业，于是蔡昉选择了农业经济学。蔡昉没有想到，从此他"就上了这条船"。

紧张的高考复习开始了。所谓"复习"，应当说是重新学习更为恰当。为了解决当时没有课本、缺乏高考复习资料的问题，蔡昉就去找昔日的高中老师和同学。常常是一个人找到一份某科的高考复习资料，就用复写纸复写几份，分给众人，资源共享。蔡昉说："大家拿到手就背，回过头看，也有不少笑话。"

12月，将改变无数人命运的高考来到了。蔡昉作为570万考生的一员走进高考考场，心情自然十分紧张而激动——而此前，这种选拔大学生的制度，已在中国消失了10年。在赶考的路上，蔡昉也不时地拿出复习题反复默背，"临阵磨枪"。

高考之后，是一段在焦虑不安中苦苦等待的日子。等了一天又一天，盼了一夜又一夜。一天，正在午休的蔡昉突然听到门外有人喊自己的名字，急忙起床打开门，邮递员说：你已经被大学录取了！听到自己成了"文化大革命"后首批大学生，蔡昉流下了激动的热泪……

考上了中国人民大学农业经济系，蔡昉真是欣喜若狂。作为恢复高考制度以后第一批幸运儿中的一员，也是最大的受益者，蔡昉直至今天仍然念念不忘："我们这一代人都很感激邓小平，高考给了我们发挥才智、实现自己梦想的机会。"能够参加高考上大学，这样的好事竟会落在自己这一代人的头上，当时的蔡昉感觉仿佛"天上掉下馅饼"。

从大学时代的"生吞活剥"到智囊机构的"行万里路"

"能有机会再上学,很不容易。"基于这种认识,蔡昉作为无数"上山下乡"知青中的一员在1978年步入大学殿堂后,学习十分认真、刻苦,遨游在知识的海洋里。

蔡昉回忆起那时的大学生活,说学习条件远远不能与现在的学生相比,入学后立即领到一只小马扎,很多学习、讨论都是坐在马扎上,在校园中的某个角落进行的。那时学习的课程和教材也仍然具有那个时代的特点,除以马克思主义三个组成部分构成的政治课之外,就是与其专业——农业经济管理——有关或无关的一些课程,基本上是苏联式教科书的翻译本,包括要求死记硬背的政治经济学,以论证人民公社和国营农场体制的必要性为主的农业经济学相关课程,还有不容丝毫轻视的畜牧学、农业机械学、土壤栽培学等技术课程。蔡昉学的这种传统的苏联式农业经济学,把诸如劳动力转移等问题排斥在研究对象之外。后来当他把劳动力转移等问题放在国民经济发展的宏观背景中进行分析时,经历了知识更新的艰难过程。尽管那时候他们接受的是传统的经济学教学,但蔡昉说他们却受益颇丰,因为那时人民大学有当时最出色的经济学教师,如于学儒、周志祥等;学校经常请许多的名人来做报告;学生经历了一次次思想解放的高潮。

大学期间,蔡昉一开始也是没有目标,兴之所至,生吞活剥,到后来对自己的专业产生越来越浓厚的兴趣后,他阅读了大量的农业经济学期刊和论文，接触了相关的争论，开始自觉地研究探索一系列农村经济问题。蔡昉认为，读书有两种：一种是狭义的读书，即读书人没有任何功利目标，仅仅是为了获得智力上的满足而徜徉于文山书海之中，但为了"颜如玉"或者"黄金屋"而啃书本，不属于这种范畴；另一种是为了某种特定的目的而进行的阅读活动，譬如为了了解某个领域的研究现状而查阅文献等。读书应该是阅读行为与思考行为的结合，蔡昉说他一段文字读下来，有时会在案头积累起一大堆相关的参考资料。

蔡昉认为对于经济学家来说，读书是提高基本素质的手段之一，是必要条件却不是充分条件，还必须结合实地调查来相互印证。"行万里路"与"读万卷书"彼此补充，同等重要。说起这些年来的工作，蔡昉深有感触："我们真的要珍惜现在，为社会尽力作出我们应有的贡献。"

蔡昉考入大学的这一年，中国历史上发生了两件影响巨大的事情，都发生在12月。一是中国共产党举行十一届三中全会，全面纠正"文化大革命"以及以前的"左"倾错误，确立了解放思想、实事求是的思想路线，做出了把工作重点转移到国家经济建设上来的战略决策。这是中国共产党历史上具有深远意义的伟大转折。二是安徽省凤阳县小岗村20户农民代表联名签订了分田和包产到户的契约，由此揭开了中国农村经济体制改革的序幕。这种体制最后被表述为家庭联产承包责任制，这一变革被认为极大地释放了中国农村的生产力，并且被普遍视为中国改革的发端。

但是随后几年，人们没有想到，农业生产积极性的高涨和农业产量的大幅度增加，却生出了"卖粮难""卖麻难""卖鱼难""卖水果难"等短缺条件下的产品流通阻碍，而且越是当年难以温饱的贫困地区，这种现象越严重。这时，学习农业经济学的蔡昉陷入了沉思与苦闷。

1982年，蔡昉考入被称为政府智囊机构的中国社会科学院，攻读经济学硕士学位，接着又攻读经济学博士学位。在这里，他同样十分幸运，先后在张思骞和刘文璞两位良师门下当助手。导师渊博的知识、严谨的治学态度及乐于调研的"脚板精神"让蔡昉终身受益。

1983年假期，蔡昉和其他几位同学受当时的中央书记处农村政策研究室的委托，前往安徽、江苏进行"卖粮难"调查。这是蔡昉第一次从事专业性调查研究，这种调查研究也成为贯穿其研究生涯、获取最真实信息的重要方式。

调研中，蔡昉亲眼看到"身背花鼓走四方"的农民，仅仅因为包产到户这样简单的改革，就有了截然不同的劳动表现，从而根本地改变了他们的命运——中国农民的命运，以及中国的命运。他感受到了劳动积极性的力量，以及调动这种积极性的制度力量。

在社科院研究生院学习期间，蔡昉还分别到山西、河北、浙江、福建、广东等地调研，走过了大半个中国，广泛地了解了农业、农村、农民。在农村广泛的调研接触中，蔡昉开始认真思索中国"三农"问题与农村发展的路径。当时学术界普遍认为家庭承包制只是生产力水平低下时的权宜之计，对此他提出了自己的看法。他与同学刘

蔡昉（后排左二）与岳母全家在一起

吉瑞合写了文章《论我国承包农户的性质、特点及发展趋势》。蔡昉力图弄清楚家庭经营的生命力所在,并且试图解释为什么20世纪80年代初,农民一旦选择了家庭承包制,就彻底地抛弃了人民公社制度,同时却又开始寻求各种合作形式。后来,蔡昉有机会前往西班牙考察世界著名的蒙德拉贡联合公司,在中外比较中,他区别出政府主导的强制性的合作组织与符合市场规律的成功的合作组织两种形式,以及两者在制度安排上的优劣。

农业保护政策的反对者终究成为农业经济学家

有人总结说,中国的农业增长"一靠政策,二靠科学,三靠投入"。虽然大多数经济学家认为,农业资源配置最终要依靠市场机制,但是以争取政府支持为着眼点的惯性,最终臆造出"农业是弱质产业"的判断。

20世纪80年代,中国的农经界热衷于向政府解说农业的重要性,90年代则转向了呼吁对农业实行保护政策。蔡昉却是这种保护政策的反对者。他警告说,在中国农业人口仍然占巨大比重的情况下,搞农业保护只能是不彻底的,其结果是一个没有赢家的博弈:农民没有得到充分保护,消费者白白多掏了腰包,政府不堪财政负担和政策执行难度。

蔡昉的自信来自他扎实的调研。20世纪90年代初,蔡昉曾经在中国的沿海、中部等地区对农业保护做过专门调查。其中每到一地必问的一个问题是："粮价要多少钱，你会种地？"在沿海地区，蔡昉得到了这样的回答："即使每斤粮食能卖一两元也不种。因为种粮食与其他非农产业相比，其收入的提高是微不足道的。"在大量的调查之后，蔡昉得出结论：中国农业不具备比较优势，尤其是沿海地区。另外，由于中国农业自给自足的生产流通方式，地区间的购销合作无法形成，也影响了农业比较优势的发挥。

在社科院为"八五"计划提供改革和发展思路的课题组中，蔡昉说服同事和领导，将这样的意思写进报告：中国粮食正在丧失比较优势，因此有必要借助于国际市场解决粮食供给问题。在学界的保护声中，蔡昉的声音似乎过于微弱。他1991年发表的《农业比较优势的发挥与市场机制的启动》一文，遭到了国内大多数同行的质疑。

随后不久，蔡昉出国进修。在美国斯坦福大学食品研究所的图书馆里，蔡昉获得了一间小小的办公室，对面是著名的胡佛塔楼。"夜深人静时，我结合在国内思考过的问题，凭着半生不熟的英文，读了一些著作和文章。当时主要关注的是两个问题：一是农业组织问题，一是农业比较优势问题。"

回国后，面对国内日益加强的保护呼声以及中国农业比较优势的继续丧失，蔡昉直接以要不要农业保护为题，提出讨论。在受到多数人批评的情况下，蔡昉反而慢慢地把自己的思路理清了。同时，他对中国整个农业问题的观点也逐渐清晰起来，并且渐成体系。

这一时期，蔡昉有一个标志性的研究问世，即《比较优势与农业发展政策》的发表。在当时，这是第一次有人把中国农业经济改革的微观激励机制与宏观资源配置格局结合起来，把是否发挥农业比较优势问题作为农业经济体制改革能否最终完成的标志。

之后，蔡昉接受澳大利亚贸易自由化之父郜若素（Ross Garnaut）教授的邀请，访问澳大利亚国立大学亚太研究学院，与郜若素交换了中国农业是否到达从被征税向受保护转折这一阶段的意见。在随后近两个月的访问期间，蔡昉与人合著了《中国农业的转折点》一文。蔡昉不厌其烦地希望决策者能够了解：对农业实施价格保护与对农业进行价格剪刀差式的征税一样，都是扭曲的政策。这种政策倾向是制约中国农业经济改革最终成功的根本障碍。最终，当事情的发展确实验证了蔡昉的担忧之后，农业经济学家的共识才逐步达成。

或许带有一些偶然性的因素，蔡昉实现了两个比较大的跨越，一个是研究中国经济发展和改革问题，另一个是研究人口和劳动问题。对前一个问题的研究源于蔡昉和林毅夫、李周的合作，并于1994年出版了《中国的奇迹：发展战略与经济改革》。这本书在1996年由香港中文大学出版社出版了英文版，后来日文版、韩文版、法文版、越南文版纷纷面世，并被美国、日本、韩国等国家采用为经济系学习中国经济和发展经济学的教科书。对于人口和劳动问题的研究起源于1987年中国人民大学出版社的一次征求出版选题，蔡昉完成了《中国的二元经济与劳动力转移》一书。后来因为有此研究基础，他被调到中国社会科学院人口所工作。

随着人口迁移和劳动力流动的问题日益成为各个学科关注的热点，蔡昉利用他的经济学背景对这个领域的研究也越来越深入，取得了一系列研究成果，但这仍然与农业、农民、农村有关。他认为，经济学是一个整体的东西。正是基于这种认识，他开始了与人口有关的研究题目。或者说一旦他找到了为自己研究领域中的"漂浮"提供支持的理论依据，便可以"有恃无恐"地为农民兄弟的"漂浮"辩护了。蔡昉笑言，自己是一个被锁定的农业经济学家，他把农业经济学看作在农业经济问题领域做经济学研究。

无论是最初的农业、农村问题的研究，继而探讨中国奇迹之谜，还是后来转向贫富差距和劳动力转移及城市就业问题，蔡昉在每个领域都提出了独到见解。独到的秘诀在于他敏感地意识到社会科学的现代学术规范化，即理论性与实证化相结合的倾向，并提早一步运用在自己的研究中。蔡昉把以这种现代规范进行的研究称作基础性研究，并认为这种学术规范可以保证所得出的结论最大限度地接近真实。

在这种思想指导下，1998年担任社科院人口所所长后，蔡昉着手进行改革。由于抓不住好的选题，缺少课题资助，当时很多大学的人口研究所都撤销了，社科院人口所人才流失也一度很严重。人口所一度被认为是没有发展后劲的社科院5个研究所之一。

从1998年开始，到2002年正式更名为中国社会科学院人口与劳动经济研究所，蔡昉用了整整4年的时间，实现了一个研究所的脱胎换骨。2003年，人口与劳动经济研究所被报道为社科院最具声誉的研究所之一，在国内外有了广泛的影响力。当年3月28日下午，他应邀为十六届中央政治局第三次集体学习授课，主题为"世界就业发展趋势和我国就业政策研究"。

谈到这次集体学习组织的背景，蔡昉说："中国有世界上最大的劳动就业群体，本届中央政府十分关注民生，其实就业就是最大的民生。组织这次集体学习，首先当然是学习，政治局的领导同志与国务院各部委有关领导听讲，自然对学者研究的就业问题有一个了解或认识。通过集体学习这种形式还可以有一个统一思想的目的，胡锦涛同志在主持学习时发表了讲话，他指出：'就业是民生之本，是人民群众改善生活的基本前提和基本途径。我们必须坚持把促进就业作为关系改革发展稳定全局的重大战略任务，实行促进就业的长期战略和政策。'当然，通过集体学习这种形式，还会有更好的宣传效果，有利于各级党委和政府把改善创业环境和增加就业岗位作为重要职责。我们讲完后，现场讨论很热烈。"

2010年12月28日，十七届中央政治局第二十五次集体学习，蔡昉授课的主题为"新的历史起点上推动我国经济社会又好又快发展"；2012年2月20日，十七届中央政治局第三十二次集体学习，蔡昉授课的主题为"实施更加积极的就业政策"……蔡昉一次次踏入中南海为中央政治局集体学习授课，这在经济学家中非常罕见。蔡昉看重学问的经世致用，值得庆幸的是他一直都有机会把自己的意见呈现在决策者面前。

打"阵地战"的"穷人经济学家"

农业剩余劳动力转移到城镇非农产业就业，一直是改革开放以来农民增收的重要途径。2019 年，农村居民人均可支配收入超过 1.6 万元，其中 41.1% 来自外出务工的工资性收入。蔡昉说，如果说这个劳动力转移的过程，靠的是经济增长创造大量非农就业机会，主要通过劳动力市场实现人力资源配置的话，党中央做出 2020 年农村贫困人口按现行标准全部脱贫的重大部署后，把转移就业作为一批贫困人口的脱贫途径，则要求超越劳动力市场功能，更加突出政府的推动作用。十八大以来，平均每年农村实现脱贫人口超过 1300 万。2019 年年底全国仅剩 551 万农村贫困人口，贫困发生率降至 0.6%，94% 的贫困县实现摘帽，区域性整体贫困基本得到解决。这个优异成绩的取得，贫困劳动力转移就业发挥了重要作用。

实施扶贫脱贫战略，越是到最后的决战时刻难度越大，"最后一公里"总是最艰难的。特别是在 2020 年遭遇新冠肺炎疫情，经济活动受到抑制，GDP 出现阶段性负增长的情况下，城镇调查失业率比常态水平提高了约一个百分点，农民工特别是贫困地区和贫困家庭的劳动力外出就业严重受阻。蔡昉说，这种情况成为农村居民和贫困家庭减收的重要因素，不仅最后一批贫困人口的脱贫难度加大，还会出现返贫和新发生贫困现象。因此，要达到帮扶 551 万贫困人口脱贫、52 个贫困县摘帽和 2707 个贫困村出列，确保返贫和新出现贫困人口得到及时帮扶的目标，帮助贫困人口恢复和实现非农就业既是一个关键抓手，也具有稳定脱贫的效果。

新冠肺炎疫情是新中国成立以来传播速度最快、感染范围最广、防控难度最大的重大突发公共卫生事件，给经济社会和民生也带来特殊的冲击。蔡昉说：面对新冠肺炎疫情这样不可预见的外生性冲击，一方面，劳动力市场机制在一定程度上发生失灵现象；另一方面，宏观经济完全复苏需要根据国内外疫情的变化趋势逐步实现。因此，在这一决战决胜时刻，不能等待经济复苏带动就业恢复，以脱贫为目标的外出就业也不再是市场行为，甚至不仅仅是某些地区的政府责任，而是全国各地政府及全社会的职责和首要任务。因此，首先，各地各级政府需要在尽锐出战、不遗余力完成脱贫目标时，把帮扶贫困劳动力非农就业作为重中之重，实施超常规的积极就业政策。其次，劳动力转移的输出地和输入地政府要协同用力。劳动力输出地或贫困地区政府一方面要着眼于创造本地非农就业岗位，同时要积极对接用工地区和单位，采取措施解决农民工外出的实际困难，确保有外出就业意愿的贫困劳动力"出得去"。劳动力输入地或城市政府也需要主动接盘，在工作中增强扶贫理念，搁置常态下的城市定位，拆除不利于就业创业的制度门槛，确保贫困劳动力"进得来"；通过为农民工提供技能培训、为中小微企业纾困，靠稳定岗位使农民工"稳得住"；积极介入劳动力市场配置，确保在同等条件下优先聘用和不辞退贫困劳动力，把失业保险及其他社会保障制度的覆盖扩大到外来农民工群体，使其"留得下"。再次，扶助的对象目标更加聚焦，政策帮扶措施更加精准到位。未脱贫的农村人口、未摘帽的贫困县、未出列的贫困村、防止返贫监测系统中易于返贫的人口、"三区三州"等深度贫困地区、易地扶贫搬迁大型安置区、湖北省等疫情严重地区贫困劳动力，首先应该受到特别的政策关注，得到力度更大的就业帮扶。对这部分处在贫中之贫、困中之困的人口群体，继续采取大而化之、大水漫灌的政策不再有效，帮扶措施需要针对特定的致贫因素、返贫原因和就业困难，采取因地制宜、因户制宜和因人制宜的工作方法，把有含金量的各种政策措施以滴灌的方式落实到岗、到户、到人。

蔡昉说，受疫情影响，中国和世界经济都将承受下行压力。中国经济高质量发展，既离不开技术创新，更离不开驾驭新技术的人力资本。疫情发生以来，快递机器人、社交机器人、医疗机器人大显身手，机器人的应用场景不断拓展和丰富，一些行业通过自动化降低人工成本和风险的步伐将加快。"当机器人能够替代人类过去工作的时候，人类又给自己创造出更有创造性的工作。要加大对人力资本的培养，不断提高驾驭机器人的能力。"

这么多年来，蔡昉一直是国家有关规划专家组的重要成员，参与相关工作。他说："不管你是不是专家组成员，其实你作为社科院的研究人员都应该为国家决策提供自己的研究成果，承担一些课题。"每次接到任务，他总是乐此不疲，积极参与讨论，发表个人及所在集体的研究成果，特别是在有关人口与就业政策及农村劳动力的转移等方面踊跃建言。

蔡昉是中国经济学家中少有的自觉地把自己定位为研究穷人经济学的人，早在1998年他就写过《穷人的经济学》一书。蔡昉笑言，自己是一个被锁定的农业经济学家。从20世纪80年代以来中国农村经济的热点入手，通过把最现实的问题与一系列发展经济学的主题联系起来，或者说从具体的问题研究起，逐渐形成自己对农业和农村的

蔡昉 | "穷人经济学家"掬尽心智

蔡昉一直认为，中国经济学家群体是中国改革的最大受益者。他们以直接参与经济改革争论的方式进入经济学殿堂，个人的职业生涯与改革的发展脉络相吻合

经济学的理解，是他从事经济研究的基本脉络。在转轨下的中国，蔡昉从"三农"出发，逐步关注在工业化和城市化的带动下，迁移到城市中的农民工以及在国企改革中下岗的城市贫困人口，继而延伸到对中国发展战略和改革路径的探索和研究。

在朋友的眼中，蔡昉是一个完美主义者。然而，完美主义往往意味着比别人付出更多。蔡昉往往到凌晨一两点才能睡，早晨 7 点就会起床，常年的睡眠不足令他的双眼透着血丝。但多年来，蔡昉恪守学者本位，坚持把学术研究放在工作的第一位，"我从来都没有放下过研究工作，而且保证最基础的研究从来不断。在这一点上，我可以和任何人比"。

蔡昉眼中的学者，首先是能做扎实的工作，做详细的计量分析，为自己的结论提供依据。但是做完以后要让别人知道你的结论，也就是说要实现成果的转化。"我希望我自己、年轻的研究人员能够成为这类学者。"在蔡昉的心目中，如果一项研究成果老百姓看不到、大部分同行看不到、政策的制定者看不到，那么它的价值就打了折扣。所以，他所主持研究的课题，大多都具备翔实的材料、大量的调查数据、精确的数量模型和具操作性的政策建议。蔡昉常被认为是官方经济学家，他也从来不否认自己的官方色彩，但他对自己的研究非常自信，认为自己所有的研究都符合严格的学术规范，并不是决策者爱听什么他就说什么，而是必须进行独立研究。他说："智囊的作用绝不仅仅是附和，也不应该单纯解释政策，而是树立一个研究的基本规范，然后以经济学家的良心，按照经济学的规范方法进行研究。至于研究结果，跟传统的、普遍的认识一致或不一致，只要是对国家有利的，我都会将其发表。"

很多曾经一起工作过的朋友选择了离开，而蔡昉留了下来，这成为他不断扩宽研究领域的原因之一。"大家都在变，我没有变。既然外面不变，里边研究的内容就要都变一点，要不很可能会出现审美疲劳。"蔡昉笑言自己在打"阵地战"。

如果以动、静来划分人的性格，蔡昉一定属于后者。他习惯于理性地思考问题，以心灵的平静来抵抗日渐喧嚣的世界，坚守自己的学术理想。而这几年来中国的现实却让他觉得难以平静。蔡昉的思考是，经济的高速发展，使中国似乎一夜之间就成为世界上举足轻重的经济大国，但同时各种社会矛盾加速累积……

不知从什么时候起，人们便习惯于把经济学叫作沉闷的科学。如果从经济学不能像美术作品一样陈列于展览馆，像音乐一样演奏于殿堂，供普通人欣赏这一点来说，它固然是沉闷的。但把经济学与其他科学相比较而认为它尤其沉闷，则冤枉了这门学问。一门学问区别于其他学问的特点，不在于人们是否以习惯的方式去欣赏它，而在于该领域的从业者是怎样思考问题，以什么样的方式工作，以及如何进行讨论。蔡昉说："经济学被好多人认为'沉闷'，首先在于它思维方式的抽象性。然而，抽象的确是必要的，理论模型的意义在于，通过抽象来揭示最本质的东西。当然，有时过度的抽象也会妨碍我们观察事物的差异，所以需要的是适当的抽象。其实，古今中外的文学艺术中不乏一些运用抽象法的经典之作。经济学被认为'沉闷'，可能还在于经济学家貌似严肃的工作方式。"

  笔者读过蔡昉的一些经济随笔,其实读来很轻松,充满思辨性。他的随笔或用相对简洁的语言"推销"自己的学术观点,或叙述身边发生的事件阐述某种经济学道理,或讲述一个有趣的故事来表述个人的经济思想。的确,好些经济学人发表的文章充斥着复杂的公式和统计,这无异于挂起了一道"闲人免进"的牌子,让离不开经济生活的普通读者望而却步,远离经济理论。在这方面,蔡昉无疑是一个创新的典范,给经济学的"沉闷"带来清新。蔡昉说:"做学问是一种职业,又是一种生活方式。作为一种职业看待,要讲究职业道德;作为一种生活方式,需要活得有情趣。经济学是学问,经济学家要讲职业道德,也要有情趣。"

贺铿

以数字诠释人民中国

HE KENG

大国小康

贺铿，著名统计教育家与经济计量学家，中国经济计量学开拓者。1942年5月出生于湖南临湘，1965年7月毕业于湖北大学（1958年成立，1971年改名为湖北财经专科学校，1978年改名为湖北财经学院，1985年改名为中南财经大学）统计学专业。历任中南财经大学教授，西安统计学院院长，国家统计局副局长，九三学社中央副主席，全国人大常委会委员、全国人大财经委员会副主任委员等职；并出任过中国统计教育学会理事长，中国统计学会副理事长，中国数量经济学会、中国信息经济学会、中国城市经济学会常务理事，全国统计教材编审委员会主任，全国统计科学学术委员会副主任，全国哲学社会科学规划领导小组统计学科组组长，国家信息化办公室专家委员会成员，《统计研究》编委会主任，国家统计干部培训学院院长，西安统计研究院名誉院长。

推开虚掩的门,便看见一位清瘦的长者正在一长排书柜前聚精会神地写着什么,身边的国旗是那么引人注目。听到脚步声,他抬起了头,笑了笑,很和善。似乎那浅浅的微笑就是他的名片,笔者可以断定他就是自己今天要专访的主人公——时任全国人大常务委员会委员贺铿。在随后的采访中,笔者才发现他那淡淡的笑容背后隐含着特有的锋芒与个性。

"你是南方人吧?"乡音难改的笔者一声招呼便露出"家底",被贺铿一语道破。"是的,我与您是半个老乡,从《蒲圻人物志》上我曾找到过您的名字,并且得知我们还是校友哩,都曾在湖北蒲圻一中学习过。"笔者的一番解释,让采访气氛一下子活跃起来。于是,我们在轻松、随和的氛围中交谈着,笔者也忘记了自己是在采访,分明是一位学长在同自己促膝交谈;不知不觉中,笔者放弃了事先准备好的采访提纲,不再是简单的一问一答,而是随意的聊天。

困境中赛跑的健将

贺铿出生于战乱之中的湖南临湘,原本水系发达、田园肥沃的鱼米之乡在日寇的铁蹄下,变得满目疮痍、生灵涂炭。连年的战争使幼年的贺铿承受了太多的贫苦和饥寒。1949年5月家乡解放时,7岁的他还没条件上学。"9岁那年,我才背起书包上学堂,到离家最近的、也有五公里远的一所小学念书。从小就识愁滋味,我十分珍惜这得来不易的学习机会。可是,不多久,我染上了麻疹,发烧,于是我才念了两个多月书就休学在家。"后来,当小学教师的舅父建议学习成绩不错的贺铿到湖北赴考,那时湖北考学比湖南门槛要低些。于是,当时小学只念了不到两年半的贺铿跑到湖北去报考中学。没想到,他很顺利地考上了湖北的重点中学蒲圻一中。

初中快毕业时,家里建议贺铿报考蒲圻师范,"因为家里穷,师范是公费,包吃住,毕业出来当老师,认为很好"。贺铿也想早点出来为家里做点什么,可是他的班主任老师与校教导主任坚决不让他考师范。由学校保送上高中,这样贺铿在蒲圻一中一读就是六年。今天,重温在那里的学习与生活,从贺铿那激动的言语中,笔者感受到他对母校的深情。

湖北赤壁市第一中学(原蒲圻一中)100周年校庆到来之际,笔者于晚间来拜访贺铿先生,谈及母校校庆的举办情况,他十分激动,并与赤壁一中校长张楚卿现场连线,向母校致以衷心的问候,且畅谈在蒲圻一中学习的时光,对当年恩师的辛勤培育念念不忘,并期待母校在新时期取得又好又快的发展。次日,笔者收到贺铿送来的录陶行知语贺赤壁一中百岁生日的题词:"知是行之成。"

高中阶段,贺铿的学习在班上照样是拔尖的。考虑到自己理科成绩特别优秀,在填报高考志愿时他本想选择理工类院校,可是教导主任出于偏爱,认为贺铿文科成绩也不错,便建议他考法律、新闻类专业。没想到的是，这年放寒假回家时，贺铿看到农村"大跃进"的情况而说了些"激进"的意见，被看作是右倾，贺铿因此受到了学校的批评。加之，自己有个舅父是右派，所有这些无疑成为贺铿被北大法律、新闻专业录取的障碍。幸亏，老师为他补填了湖北大学（今中南财经大学前身）统计学专业，贺铿才得以有机会上大学，并开始了自己的数字人生。

然而，贺铿当时对自己所在的学校及所学的专业并不"感冒"。"刚进大学时，确实不大想念下去，学校当时也不是很有名，专业又不合自己的口味，也不知道这个专业将来要干什么，没有合心意的感觉。"渐渐地，贺铿适应了大学生活，感觉图书馆里有许多自己感兴趣的东西。在大学里，大部分时间他泡在图书馆里阅读各类书籍，"历史、哲学、科学方面的书，我读了很多；至于专业课，我觉得很容易应付，一有精力与时间就去看一些自己感兴趣的书"。贺铿说，可学习的东西很多，只要你自己愿意学；当然，所读的一些课外书籍对专业学习也是一种补充与促进。

大学毕业后，贺铿分配到武汉城建学院企业管理教研室当教师。1971年10月，这个专业在学校不再开设，学校认为贺铿数学基础不错，便提议他改教数学。因为自己的爱人也在校教数学，贺铿不想两个人都"吃一个领域的饭"，就改攻力学。没想到这一改使他后来在武汉工业大学力学教研室工作了9年。"我爱人是南京师范大学毕业的，我们两个都分配到武汉城建学院，一起下乡搞'四清'时认识的。一个江苏人，一个湖南人，说得上是千里姻缘。爱人后来是首都经贸大学数学专业教授。"说起自己的家庭，贺铿一脸的幸福。

贺铿说，"自己年轻时业余爱好还不少，读书时中长跑一直是强项，800米、1500米，在学校拿个冠军是常事"。尽管他说自己由于工作繁忙不得不放弃了自己的爱好，现在最多的运动是同夫人散步，然而，谁又能说他在人生赛道上不是一名强劲的运动健将呢？

情倾经济计量学

1979年10月，贺铿大学时的一位老师出任中南财经大学副校长后，没有忘记自己的高足贺铿，把贺铿调回母校。于是，贺铿干起了自己的老本行，成了中南财经大学统计系的教师。

人的一生要走许多路，最关键的往往就是那么几步。贺铿说自己这一生比较幸运，没什么大的波折，好多路都是组织上安排、"铺设"的。其实，看似平坦的成才之路在许多路口还需要自己睿智的选择，有些选择往往是跟渊博学识及战略眼光联系在一起的。1980年，应中国社会科学院的邀请，美国著名经济学家克莱因教授等7位著名的经济计量学家组成的来华讲学团，在北京颐和园讲授经济计量学管理与应用。当时，国内各个高校选送懂经济、擅长数学的人前往学习。贺铿有幸参加了这次学习，并认为一生受益不尽。"学习期间，美国著名学者、诺贝尔奖得主克莱因给我们这些学员讲授了他的理论，让我们第一次接触到经济计量学。克莱因以经济学说为基础，根据现实经济中实有数据所做的经验性估计，建立起经济数学模型，对美国在'二战'后的经济趋势作了令人信服的预测。为此，他获得诺贝尔经济学奖。这次讲学团为我国培训了一批经济计量学学者，他们后来成为经济计量学的学术骨干和学术带头人，而后不少高校也相继开设了经济计量学课程。"今天，作为中国经济计量学研究的领军人物，贺铿为自己当初十分幸运地参加了这期被称为中国经济计量学的"黄埔一期"的学习而感恩，因为它让自己有机会开始涉足经济计量学这个全新的领域。

经济计量学是以经济理论为指导，以数据事实为依据，以数学、统计学为方法，以计算机为手段，研究经济关系和经济活动数量规律及其应用，并以建立计量经济模型为核心的一门边缘科学。经济计量学在中国的引入和发展虽然是20世纪80年代前后的事，但一诞生就显示出强大的生命力，如今已在经济学中占有极其重要的地位。1998年7月教育部确定了高等学校经济学门类各专业的八门核心课程，将经济计量学列入核心课程。20世纪70年代末，当发端于西方的经济计量学刚引入中国时，贺铿就意识到这是一门把经济学、统计学、数学和计算机技术融于一体的边缘科学，随即全身心投入这一新兴学科在中国发展的奠基性工作。

1982年，他以访问学者身份在美国罗得岛大学工商学院进修经济计量学。因为认识到这是一门用数学模型对经济现象进行定量分析研究的学科，比传统概念性经济理论更能有效地解决实际经济问题，于是贺铿看好这一学科在我国国民经济发展中将发挥极大的作用，对这一学习机会他倍加珍惜，潜心钻研。"美国是一个很发达的国家，那

贺铿（右）与贺捷生出席中华儿女商界群英会（余玮 摄）

时一切都让我感到新奇，也让我深深感受到中国的差距。我把所有的时间都放在念书、听课、做研究上，时间自然很容易打发。生活上，国家每个月给我们的费用虽不很宽裕，但我过惯了艰苦日子，再加上自己节俭，日子安排得还算不错。"

后来，贺铿运用经济计量学的方法主持完成了多项科研课题，其中五项获省部级奖，三项达到了国际先进水平。同时，他参与倡议发起组织中国统计教育学会、中国数量经济学会等，先后译校多本国外有关著作，在这个基础上，开展经济计量学的应用研究，并先后承担部级研究课题。所主持完成的国家社科基金项目"中国信息产业投入产出分析""中外统计体制比较研究"和国家自然科学基金"国家经济安全问题的统计研究"等均带来较大的社会效应。

2003年的春天，有人说是一个"口罩的春天"。在这个春天，全国不少地方遭遇严重的"非典"疫情突袭。从宏观经济监测角度看，评估和应对这类突发事件带来的经济冲击是一个重大的新课题。当年，贺铿根据能够得到的相关资料，初步评估了"非典"疫情对当年经济走势的直接冲击和间接影响，并运用宏观经济月度计量模型和投入产出分析法进行了短期预测。他分析认为："非典"疫情可能影响经济增长1.5个百分点，但改变不了经济快速增长的内在趋势；如果考虑政府在抗击疫情中采取的各项积极应对措施，特别是增加透明度、减免相关行业税费以及增加财政支出等所带来的积极效应，疫情对经济增长的负面影响会被部分抵消，疫情最终影响可能在一个百分点以内，全年GDP增速可能为8%左右。"非典"疫情对我国经济的冲击很可能是短期的、局部的，对全年增长不会产生转折性影响，不是什么"灾难性影响"，但严重威胁人的生命安全，集中暴露了公共卫生体系和政府相关社会管理职能的缺陷，由此造成的心理冲击和滞后影响可能更为深远。

"有人认为'非典'疫情对中国经济的影响不大，您如何评价？"对此，贺铿说："应该说'非典'对中国经济的影响是不容忽视的，'非典'对中国经济的影响体现在消费方面已经非常明显。从消费的角度分析，这种影响会对经济增长产生很大的影响。基于经济学理论和实际数据，我们认为只有正视'非典'疫情造成的负面影响，才能对症下药，才能将损失减少。"

春风化雨桃李妍

1983年从美国学习回国后，不论是在中南财经大学任教授，还是到西安统计学院当院长，贺铿一边向学生们讲授经济计量学课程，一边运用经济计量学的方法研究中国经济问题。

教鞭执了30年，桃李满园；从讲师，到教授，到大学校长，学问做了30年，著作等身。在这30年中，无论是动荡时期，还是改革年代，贺铿埋头于自己的专业研究中，没有虚度时光。贺铿始终坚持在教学第一线，为本科生、硕士生和博士生上课，年年的教学工作，他都超额完成任务。教坛论道，谈笑风生，诲人不倦。1995年调到国家统计局任副局长后，他仍是中国人民大学、中央财经大学、厦门大学、上海财经大学等院校的兼职教授或客座教授，协助指导研究生。这些年来，他先后指导培养了几十名研究生。

贺铿备课认真，不断更新教学内容，观点新颖，注重阐述本学科国内外的最新发展动态和主要成就，并融科学性、逻辑性于一体，深入浅出，举一反三，深受听课者的好评。对于研究生的教学，贺铿不单纯局限于知识传授，而侧重于分析性研究能力和科学方法论的培养，给研究生上课时常常采用专题报告的形式，从理论、历史和现实诸方面展开。因为有严谨的治学态度和启发式的教学方法，他培养的博士和硕士知识面广、理论功底扎实，并具有很强的独立研究能力。他培养的学生有的成为国内经济、管理学科的学术带头人，有的成为政府各部门的领导骨干，有的成为证券、保险、银行业的抢手人才。

不论是在教师岗位上，还是在行政领导位置上，贺铿几十年如一日坚持在科研教学第一线，辛勤耕耘，为国家培养了大量的经济计量学和统计学人才，留下了丰硕的科研成果，为我国统计科学建设作出了贡献。所主编的普通高等教育"九五"国家级重点教材《经济计量学教程》获全国统计系统优秀教材一等奖，主编的《经济计量学》成为全国高等教育自学考试指定教材……

曾是教师的贺铿，2003年成为全国人大常委会委员。职务变了，工作内容变了，不变的是教育情结，不变的是耿直与爽朗。大家都知道，求职者多带几样文凭证书就多一些就业机会，在职者学历越高晋级加薪的机会越多。这种学历与权力、利益分配的直接联系，客观上促使一些人急功近利，不是把劲头放在提高自身素质上，而是放在巧取文凭学历上，使掺假的文凭、学历、职称越来越多。贺铿对此深恶痛绝，批评这些学术腐败现象时言辞激烈。

掺假文凭有时就像"敲门砖"，是一些领导干部升迁的筹码。可是有些高校包括一些名牌大学，为什么会对并不具备条件的人大开绿灯，将原本很难获得的学位学历拱手与人呢？贺铿说："我看主要有以下三个方面的原因：一是教育思想混乱。一些人把教育完全当作经济产业，认为教师就是'知本家'。在这种思想影响下，某些学校就会受利益驱使，逐渐演变成商业机构，教学关系逐渐演变成了买卖学历、文凭的商业关系，用金钱来买学历也就不足为奇，而且不同学校、专业随行就市，暗码标价。二是教育经费困难，学校为弥补经费不足，'创收'的热潮一浪高过一浪，办计划外收费班是其中一个来钱的好路子。三是教育经费管理不规范，监管不严格，在无约束的利益机制驱动下，助长了教育腐败现象。"

他认为，教育腐败的突出表现是办教育不注重教书育人，只注重赚钱；在办教育过程中弄虚作假，将影响人们的思想品德，把人们学习知识和技能的教育活动演变成买卖学历、买卖文凭的商业活动。教育腐败从根本上改变了教育事业的性质，其社会危害性极大，应当认真治理。"对这些非正常现象，首先要在思想上正本清源，明确教育首先是社会公益事业，学校的主要任务是教书育人；其次要严格规范教育经费的筹措和使用，政府资助和收取学费都应当有法律依据，各地各校不能自行其是。"

为国识数乐无穷

始终视自己为读书人的贺铿，从未想过会坐在国家统计局副局长的位置上。1995年，一纸调令使学者成为官员，从园丁成为公仆。"从学者到政府官员，我没有感觉到什么不适应，但是在相当长一段时间内感觉有一点可惜，有点失落感，但没有不适应。一个原因是，当统计局副局长虽然行政事务比较多，但跟业务没有分开；再一个就是，我当过系主任，当过院长，做过行政工作。因而，失落不失意。"到任后，除了专心熟悉组织上交给他分管的贸易、外经、国际统计和教育科研工作，以便尽快进入角色，贺铿做的第一件事就是组织起草制定统计教育发展规划和纲要。

刚从学校出来的贺铿对当时我国统计教育的现状很是担忧。我国的统计教育在教学内容和教育思想上一直沿袭计划经济体制的模式，从内容、手段和师资上均与市场经济体制不合拍。他组织制定的这个规划，影响和涉及全国131所设有统计专业的高校的课程设置和全国统计教材建设的总体发展方向，显现了良好的效果。"学者如果有行政方面的管理才能，做行政工作也未尝不可。因为搞经济建设，技术官员如果对技术一点不懂，会对工作有妨碍，有局限，甚至出现'瞎指挥'与官僚主义，要么就做不了什么。"他举例说，在加拿大国家统计局，公务员中博士占了30%，因统计工作是一项专业性、技术性很强的工作。

提到统计工作，贺铿侃侃而谈。他说："统计工作绝不是抽象的报表，更不是各种报告中的点缀，它是国家和各级政府决策的重要依据，统计成果对国民经济的发展有着举足轻重的作用。统计不仅是国家、各级政府和统计专业人员的事情，而且每一个国民都要具有统计概念和基本知识，离开统计，胸中无数，对于一个现代化国家是无法想象的。"采访时，他列举了这么一个实例。1989年我国经济一度出现负增长和物价涨幅很高并存的状况，政府调控经济的政策何去何从，人们众说纷纭，提出了种种解决办法。国家统计局通过对相关模型的研究，力排当时主张减缩的主流看法，向国务院提出适当增加投资的建议，此方案被国务院采纳。由于及时调整了调控力度，采取了符合当时实际情况的投资政策，使得经济在1990年健康回升，从而保证了国家预定经济目标的实现。接受采访时，他认为，我国当时的统计法不太完善，还有很多不全面的地方。他透露，已向国务院报送的《普查法（送审稿）》，涉及人口普查、农业普查与经济普查等普查工作，但愿能早一点出台，让普查工作规范化。

学者出身的贺铿不仅所分管司局工作井井有条，做得得心应手，同时科研成果丰硕。他认为，为官不应将自己陷于事务堆中，对经济发展的关注、对经济理论的研究会使自己在经济工作中看得更远、更准，胸中有数才能把工作做得更好。他说："中共中央几次在决议文件中都讲到既要重视定性的分析，也要重视定量的分析，加强决策的科学化、民主化，以后又提出重视软科学的研究，而经济计量学正是软科学中的重要内容。"

针对社会上部分群众对统计数据的准确性存在置疑，贺铿说，统计数据的真实性是统计工作的灵魂，准确的统计信息是各级领导机关科学决策的重要依据。"首先必须承认，任何一个国家的统计数字不可能是一个完全精确的数字，因为社会情况非常复杂，更何况我国是一个拥有10多亿人口的大国，只能是一个相对准确的数字。另外，统计部门有一套自己的监控和推算办法，通过各种方法的推算和综合，最后得出较为准确的数据。"他坦言，一些地区和部门在统计数据上弄虚作假、虚报浮夸的做法确实造成了局部统计数据失实，但尚未造成全国性的宏观统计数据失实。在访谈中，他表现出对"数字出官""官出数字"这种现象的痛恨。

贺铿利用自己在统计经济学方面的资源或这一领域所处的特殊位置，广泛开展国际交流活动。2000年5月，他赴美国交流国际比较工作的开展情况，同年11月赴曼谷参加亚太经社会统计年会；2001年10月，赴澳大利亚、新西兰考察国际比较项目，并邀请斯坦福大学著名经济学家刘遵义教授来华讲学；2002年2月，参加联合国统计委员会第33届会议并代表中国国家统计局发表演讲，同月邀请国际货币基金组织统计部主任、国际知名统计学家卡森女士来华做学术交流……在他心目中，副业也是主业，为的都是发展祖国的统计学事业。

贺铿曾是国家统计局领导班子中唯一一个民主党派身份的副局长，但从不认为自己的身份特殊。在为人处事上，他的人生准则是：不追名，不求利，不怕苦和累，尽可能踏踏实实地多做几件对国家和

2012年10月3日上午,贺铿(前)出席赤壁一中校史馆开馆仪式

人民有利的事。在局里讨论重大问题时，他总是直言不讳地亮出自己的观点，有时他的建议未与大家达成共识，不被采纳，他也坦然处之。当被问及他作为少数派被否定时心态如何，贺铿笑了，只说了四个字"立言为公"。

其实，贺铿在加入九三学社之前，曾两次争取加入中国共产党。"一次是刚刚大学毕业，去农村搞'四清'。作为一个年轻人，自己各方面表现都不错，当时带队的负责人找我谈话，动员我向党靠拢，我自己也有这个愿望。毕竟，党领导人民解放中国，我才能够上大学。"然而，因为"文化大革命"，基层党委被夺权。于是，贺铿入党的事就被搁置下来。同时，他在运动中也受到牵连。

1979年，贺铿自武汉工业大学调到中南财经大学前，武工大的组织干部找到贺铿说"你的组织问题该解决了"。不久，中南财大来要人，组织问题又一次被放下来。后来，贺铿又忙于出国留学，致使加入党组织这个心愿一直未了。回国后，中南财大的一位教授找到贺铿，动员他加入九三学社。这时，贺铿开始认识到加入九三学社这个汇集了一大批科技、教育界专家学者的参政党也能发挥自身优势，在推进科技进步和创新、培养科技人才、传播科学文化、弘扬科学精神等方面也能作出自己的贡献。于是，贺铿选择了九三学社这个中共的亲密友党。

1998年，贺铿当选为政协第九届全国委员会委员，并参加了政协经济委员会的工作。他认真对待每年的政协会议，下足功夫准备大会发言，每篇发言都是一篇论文。1999年的《结构调整是经济协调发展的关键》、2000年的《政府应当把工作重点放在调节收入分配上》、2001年的《"十五"期间要警惕出现财政金融危机和通货膨胀》、2002年的《小康社会和小康水平的两大区别》，篇篇叫响。他的观点也在我国的经济发展中一一得到证实。他的许多观点十分鲜明，不少与主流看法相左，为此话一出口往往招来各路媒体关注。

2003年3月，贺铿当选为全国人大常委会委员、财经委员会委员。年底，他又以高票增选为九三学社中央副主席。2008年3月，贺铿被任命为第十一届全国人民代表大会财政经济委员会副主任委员。新的岗位，新的起点，新的奉献。一到全国人大财经委员会，贺铿即忙于改革出口退税机制、促进内外贸易全面发展问题的调研。他说："我们现行的出口退税政策和管理体制存在较多问题。一是出口退税政策不稳定，也不很科学，出口退税率偏高，与贸易国不对等；二是出口退税管理不规范，征、退脱节，退税漏洞多，骗退税现象比较严重。由于出口退税机制存在问题，近几年产生了数额巨大的出口退税欠账，企业和地方政府意见大，不仅加重了中央财政负担，也加大了商业银行的贷款风险。"

他认为我国出口退税率偏高和管理不科学是欠退税额不断增加的根本原因。提及改革出口退税机制的具体建议，他这样把脉和开方：建议改革出口退税的管理体制，在进行税制比较研究的基础上调整出口退税率，制定科学的出口退税政策。"我建议改'免、抵、退'办法为'先征后退'，在比较研究基础上制定新的出口退税政策，制定新的出口退税政策要坚持贸易国之间公平竞争和内、外贸全面发展的原则。同时，建议实行'先征后退'办法后，同时取消中央分配出口退税指标的办法。"

2004年12月29日下午，十届全国人大常委会在人民大会堂举行第12次法制讲座，听取《统计法及其需要完善的几个问题》的报告。这次讲座由全国人大常务委员会委员长吴邦国主持，讲座主讲人就是全国人大常委会委员、全国人大财经委员会委员贺铿。副委员长王兆国、李铁映、司马义·艾买提、何鲁丽、丁石孙、成思危、许嘉璐、蒋正华、顾秀莲、热地、盛华仁、路甬祥、乌云其木格、韩启德出席并听取了法制讲座。

贺铿以《统计法及其需要完善的几个问题》为题，讲授了三个方面的内容：政府统计的功能和统计法的作用，我国统计法的调整范围和基本内容，我国统计法贯彻实施中存在的主要问题及需要完善的几个方面。

贺铿在作法制讲座时说，政府统计在我国社会主义现代化建设中发挥着了解国情国力、指导国民经济和社会发展的重要作用，具有信息、咨询、监督三种功能。从统计法贯彻实施情况看，其作用主要有保障科学、有效组织实施统计工作，保障统计数据的准确性和及时性，保障统计信息实现社会共享。

讲座中，贺铿指出，我国"官出数字"和"数字出官"的腐败现象屡禁不止，这与统计法不完善有一定关系。贺铿列举了当前我国统计数据造假的两种现象：一是不少企事业单位从自身的经济利益出发"按需报数"，或按政府和主管部门的意图报数。二是在乡、县、市级,为了追求"政绩"和经济利益,有的要求按计划上报统计数据,有的凭空编造统计数据,有的授意、指使虚报、瞒报统计数据,甚至直接篡改基层上报的统计数据。为此,贺铿呼吁完善统计法。他建议健全统计机构独立行使职权的制度,增强对被调查对象在统计活动中的权益保护,增加统计调查对象的法定义务和开展普查的规定。贺铿强调,由于我国现行《统计法》不完善,统计工作的法制环境比较差,急需完善统计法制,进一步加强统计执法力度,培育良好的统计工作法制环境,以保证政府统计工作的顺利开展。

经济计量学家眼中的小康概念

2003年4月11日,贺铿应邀来中国科学院研究生院做学术报告,他同时被聘为中国科学院研究生院管理学院兼职教授。报告会开始前,管理学院常务副院长汪寿阳教授代表成思危院长向贺铿颁发了兼职教授聘书。贺铿报告的题目是《关于总体小康水平和全面小康社会》。报告充分展现了他多年来对小康社会问题的研究成果,以翔实的资料阐述了我国社会经济发展的总体水平及十六大提出的全面建设小康社会的背景、战略目标等。报告的丰富内容、鲜明观点以及前瞻性的研究成果,对于小康社会的研究提出了新的思考和课题,深深吸引了每一位听众。

这年春节期间,一条手机短信人人青睐:"祝您生活奔小康,收入达富康,身体更健康,全家都安康。"这简单的话语在亲朋好友间传递，既是人们对新一年最美好的祝愿，也是人们真情的流露。眼下，"小康"已成为老百姓谈论最多的话题之一。"小康"，从来就是中国人的一个美丽的梦。这个梦可以追溯到3000多年前，我们在《诗经》中可以找到它的踪迹："民亦劳止，汔可小康。"而作为一种社会模式，"小康"最早在《礼记·礼运》中就有系统阐述，成为仅次于"大同"的理想社会模式。它作为一种追求，延续了两千年。1979年12月6日，邓小平在会见日本首相大平正芳时使用"小康"来描述中国式的现代化。1984年，他又进一步补充说："所谓小康，从国民生产总值来说，就是年人均达到八百美元。"而2002年11月召开的党的十六大，"全面建设小康社会"已经成为重要的主题。

"小康"，一个内容丰富、充满了魅力和召唤力的词。邓小平在40多年前为我们勾画的关于"小康"的蓝图，我们已经实现。我们可以豪迈地向全世界宣布：一个14亿人口的发展中大国，人民生活总体上达到了小康水平。在21世纪，我们就是在这个基础上全面建设小康社会。

10个阿拉伯数字本没什么稀奇，然而在经济学家眼里它们的组合像万花筒一样变化莫测。在贺铿的心中，数字的表现更为具体，数字的内涵更为丰富。在他的眼前那些千变万化、名目繁多的数字生动而有趣，数往知来，从中他解读共和国经济发展昨天的历史，讲述今天的故事，描绘明天的蓝图。

梦境与现实的距离只有一步之遥。我们不但能够实现小康，还能做得更好。贺铿说，在全面建设小康社会的过程中，一定要抓住重点,明确难点,在"全面"二字上狠下功夫,对上层建筑和经济基础实行整体推进,努力建成让绝大多数人民生活更加殷实、全社会更加和谐的小康社会。

采访时,贺铿曾认为"中产阶级"应成为小康社会主流公民。他说:"那些经济上比较殷实、思想文化素质比较高的'中产阶级'应该成为中国全面小康社会的主流公民。那些文化素质和思想素质比较低的先富者如果不努力提高自己的思想和文化素质,充其量只是'暴发户',根本成不了小康社会的主流公民,而那些所谓的'中等收入者',也就是国外所说的'中产阶级',应当是一个经济收入比较殷实、文化素质和思想素质比较高、讲文明、讲诚信、守法纪的群体。"贺铿所诠释的全面小康社会不仅包括物质的,更包括精神的和政治的内容,因此我们应该建立新的全面小康社会的可测度标准体系。

2020年是十九大提出的全面建成小康社会的决胜之年,要保证2020年的经济在政策范围内运行,保持一定的全面小康冲刺速度,任务有些艰巨。贺铿建议,在2020年一定要做好两件事来应对,"首先是稳政策,其次,要继续贯彻执行供给侧结构性改革"。

2020年是全面建成小康社会和"十三五"规划收官之年,也是脱贫攻坚决战决胜之年,新冠肺炎疫情给我们完成既定目标任务带来挑战。越是面对困难挑战,越要用全面、辩证、长远的眼光看待我国发展,深刻把握我国经济稳中向好、长期向好的基本趋势,做好较长时间应对外部环境变化的思想准备和工作准备,善于从眼前的危机和

大 国 小 康

本书作者余玮（左）采访时与贺铿（中）及其秘书合影

挑战中抢抓和创造机遇，坚定克服困难、战胜挑战的信心，牢牢把握发展主动权。在贺铿看来，我们要增强紧迫感、责任感、使命感，全面落实党中央决策部署，紧扣全面建成小康社会目标任务，坚持稳中求进工作总基调，坚持新发展理念，扎实做好稳就业、稳金融、稳外贸、稳外资、稳投资、稳预期工作，全面落实保居民就业、保基本民生、保市场主体、保粮食能源安全、保产业链供应链稳定、保基层运转任务，努力克服新冠肺炎疫情带来的不利影响，确保完成决战决胜脱贫攻坚目标任务，全面建成小康社会。

谭崇台

深感不安的"发展经济学之父"

大康
国小

谭崇台，著名经济学家，有"中国发展经济学第一人"之誉。1920年6月出生于四川成都，1943年毕业于武汉大学经济系。历任华盛顿远东委员会专门助理，武汉大学校务委员会副秘书长、校长办公室主任、经济系副主任、经济管理学院院长、校务委员会副主任委员、《武汉大学学报》副主编和武汉大学出版社副总编辑等；出任过教育部人文社科重点研究基地经济发展研究中心名誉主任、全国高校社会主义经济理论和实践研究会领导小组成员等。

———

　　将西方发展经济学引入中国的第一位学者，撰写的《发展经济学》是中国第一部研究此学科的专著，首次提出"经济增长"不等同于"经济发展"……他就是被称为中国发展经济学鼻祖的谭崇台。

　　这位中国经济学领域的标志性人物，其学贯中西、博古通今的渊博学识，精湛深厚的传统文化底蕴，淡泊名利、虚怀若谷的高尚人格，诲人不倦、奖掖后学的大家风范，令人敬仰、崇敬和爱戴。专访中，笔者深深感受到他经济思想之精湛深厚、治学之认真严谨、为人之谦和风趣。老人一再说："自己只是一个平凡的人，做得很不够，深感不安。"

从四川乐山到武汉珞珈山

　　"我是一个中国人，我的事业在中国。"1948年，谭崇台满怀报国热情，谢绝师友们的挽留，毅然自美国启程回国。在途中，他陷入了回忆……

　　1939年，谭崇台考取了国立武汉大学经济系。时值抗日战争期间，武大被搬到四川乐山。在那里，谭崇台总听到高年级的同学回忆武大校园的美景，美丽的珞珈山、俊秀的东湖。当时的他对珞珈山始终有一种向往之情，曾在诗中写道："东湖碧波梦，珞珈翠微心。国破山河在，何年到汉荆。"当时，谭崇台的国文老师叶圣陶先生在诗后批了这样一句话："爱国爱校之心深也。"

谭崇台说，那时候，自己本可以被保送至西南联合大学的，可是由于当时的政治因素而未能如愿。于是，后来考试时他就直接选择了武汉大学。他戏称自己是怀着一种"报复心理"走进武汉大学的。"当时武大内迁到四川乐山，教学条件相当艰苦。我们的宿舍就是一个当铺的库房，又黑又暗，而且非常潮湿。一天三顿全靠'八宝饭'来维持生活，这'八宝饭'就是掺有杂粮、沙子的米饭。"谭崇台仿佛又回到了那段艰难的求学岁月。

谭崇台清楚地记得叶圣陶先生"每两周都会给我们布置一篇作文，我们把作文上交之后，他都会一篇一篇仔细地阅读，每个学生上交的作文本都会留下他用红笔修改过的痕迹。叶圣陶先生这种严肃认真的治学精神深深地打动了我，我在以后的从教生涯中时常会想起他在灯下为我们批改作文的情形，不断地激励我保持一种认真的治学态度"。

谈起自己的老师，谭崇台的话语之间流露出深深的敬佩："那时候教师非常辛苦，武大校风也非常纯朴，现在想来很感动。朱光潜先生当过我们的外语教师，他常常让学生们读诗，体会语言之美；化学教师曾云鹗治学严谨，如果问他问题，他一般都能马上答复，不能马上答复的，他也会告诉你在哪本书上出现过，甚至精确到第几页……"谭崇台深有感触地说："道德就是知识，一个好的老师可以影响人的一生，因此，我们当老师的一定要在学生面前树立榜样，不断地熏陶和影响他们。"他深情回顾武汉大学的乐山岁月，一切似历历在目。

毕业时，学校把他们这一批没有着落的学生统派到资源委员会。不久，谭崇台被派到湖南一个厂当会计，随后又被介绍到直接税局工作。谭崇台对这样的安排毫无兴趣，对现实的不满和对未来的渴望，使他感到十分困惑。

正在彷徨之际，得悉教育部将举行公开的留学考试，要从数千名大学毕业生中选取 300 多人，其中财经类约招 50 人，谭崇台暗下决心，准备搏一搏。经过短时间的准备和沉着从容的应试，他以第 5 名的成绩如愿以偿。谭崇台的第一选择是世界著名学府——哈佛大学——的经济系。

1944 年底，谭崇台实现了走出四川盆地、到外地去求学的愿望，和陈观烈、陈文蔚等中国留学生踏上了赴美求学的旅程。他们先从重庆飞抵昆明，傍晚乘美军运输机在夜色的掩护下经过"驼峰航线"到达印度，再乘船经澳大利亚、新西兰抵达美国西海岸，历时 42 天。据谭崇台回忆，每一段路程都有生命危险。用他的话来说，那时候就是命悬一线。

到哈佛大学后，谭崇台和陈观烈、陈文蔚等专业相同、经历相似、性情相投的中国留学生同吃、同住、同行，形影不离，一时间被誉为"哈佛三剑客"（此前，韩德培、吴于廑、张培刚也有此称谓）。谭崇台还记得他们当年在查理河边芳草地上月夜漫步、谈古论今、切磋砥砺的情景。"多情查理河边月，年年犹忆三人行"的诗

阅读是谭崇台的爱好和习惯

句，就是他对当年友谊的追忆。

往事悠悠，求索如歌。"我在哈佛大学待了两年，给我的感觉就是哈佛大学的竞争十分激烈，时刻面临着被淘汰的危险。在校期间，学校要求每个学生至少要完成4个学年课程的学习，并且要求学生的3门基础课程和1门专业课的考试成绩必须保持在B+（相当于80分）以上。每一个哈佛研究生都会面临3道关卡：第一关，即基础和专业课的成绩必须保持在B+以上，这道关卡往往会淘汰一批人。第二关，即'通考'（综合考试），往往这一关是最难通过的。我参加'通考'的时候有4位世界知名教授轮番提问，他们要求我必须在规定的时间内用英语做出回答。那次'通考'历时两个多钟头，对于我来说是一个很大的挑战。第三关，如果继续攻读博士学位还要参加论文答辩，虽然这是最后一关，但仍有一些学生在这一关被淘汰。因此，在哈佛大学读书并不是一件轻松的事情，时刻都面临着被淘汰的危险，你必须用功学习。"

1947年初，受国际著名经济学家熊彼特、列昂惕夫、汉森的指导和教诲，在哈佛大学经济系正处于鼎盛时期完成学业并取得硕士学位的谭崇台，到华盛顿远东委员会任专门助理，做战后日本经济和赔偿问题的研究工作。在这里，他得心应手，先后撰写了《论日本赔偿问题》《"生产因素四分法"与革命》《凯恩斯在经济理论上的贡献》等论文，待遇也很优厚。然而，谭崇台深切地感受到，"江山信美非吾土"，作为华夏子孙，不如归国倾全力。谭崇台坦言：他1948年回国自然而然，在思想上没有什么太大的阻力。正像中小学生放学必须回家一样，作为在异域求知的学子回到祖国的怀抱，天经地义。

为此，年仅28岁的谭崇台谢绝了众多师友的挽留，回到了风雨飘摇的祖国，后受时任武汉大学校长周鲠生之邀，回到"从未谋面"的地处珞珈山的母校武汉大学执教。"我清楚地记得是在1948年3月1日回到母校，之后就担任起副教授的职务。"

此时的国统区正处于黎明前最黑暗的时期，谭崇台月薪是9000多万法币，但在市场上只能买到6瓶酱油，这使只带了两个铺盖卷来武大的谭崇台夫妇陷入了困境。就在这时候，儿子谭力文呱呱坠地，这让他们又喜又忧——他们拮据得连孩子出生的费用也支付不起。幸好收到复旦大学陈观烈教授的汇款，他们才脱离困境。

让谭崇台高兴的是，"当时的武汉大学是非常辉煌的，师资队伍异常壮大，有货币银行学专家杨端六先生、财政学专家刘炳麟先生、会计学专家戴铭巽先生等，周鲠生先生又招纳了一大批著名学者，如张培刚先生、韩德培先生、吴于廑先生、吴纪先生等学术界的精英。在这一批人的带领之下，学校的学术氛围和学习风气特别浓厚"。从此，他扎根珞珈山。这些知名学者一道辛勤耕耘，开拓进取，共同开创了中国经济学界的"珞珈学派"。当时的武大经济系，由于聚集了这样一批年龄最轻、知识最新、阵容齐整的师资队伍，学术水平也随之而跃居全国前列。

武汉解放前夕，谭崇台参加了中共地下党领导的"新民主主义教育协会"。1952年他成为中国共产党党员，并先后担任了武汉大学校务委员会副秘书长、经济系副主任等职务。1957年后，谭崇台虽曾受到不公正对待，但他热爱党、热爱社会主义祖国的信念一如既往。

1980年，谭崇台赴美访问，一家电台的记者采访他时提出这样一个问题："我了解你在中国革命胜利前夕离美返国，你下这一决心时感到困难吗？几十年后的今天你有何想法？"谭崇台回答说："我对美国人民怀有美好的情感。但是，我是中国人，应该回去给中国做点事情。当年我就是这样下了决心的，现在我也毫不感到遗憾。"

迎来迟到的学术青春

在1958年"反右"运动中，谭崇台被迫离开武汉大学经济系到外语系教英语。谭崇台一教英语就是20年。

谭崇台内敛和"与世无争"的禀性，使他在10年内乱中没有受到太大的冲击，他潜心于教学，这实乃整个经济学界的幸运。他常说："我痛心的是经济学的停滞和倒退。"不过，他在这20多年中还是不断写作，尽管不能发表；文稿不少在"文化大革命"中散失了，从而形成一段学术履历"空白"。

中共十一届三中全会以后，谭崇台重新回到经济系。待他能够重操旧业的时候，已经是年近花甲之人了，但是学术青春才刚刚开始。他不仅以极大的热情投入教学和科研，而且担负起武汉大学经济管理学院院长、校务委员会委员和武汉大学出版社副总编辑等行政和业务领导工作，为武汉大学及其经济管理系（2001年后改名商学院，2005年后改名经济与管理学院）的建设和发展作出了很大的贡献。

谭崇台 | 深感不安的"发展经济学之父"

哈佛大学好友。左起：谭崇台、陈文蔚、汪熙、陈观烈

20世纪80年代以来,谭崇台致力于发展经济学的引进、推进、教学和研究工作。他认为发展经济学这一门新兴的学科所研究论证的问题,是一切发展中国家谋求经济发展所必须通盘考虑的问题,也是中国长期以来在经济建设中做出很大努力去解决而尚未得到妥善解决的问题。他深入发展经济学理论的研究,取其精华,去其糟粕。

在他看来,发展经济学是以发展中国家的特点和特殊的经济问题为分析出发点而形成的一种理论体系和方法论,尽管还带有殖民经济学的痕迹,但是总体上适应发展中国家的实际,有些理论对发展中国家有启发作用和借鉴意义。他说,我国要建立社会主义市场经济体系,就必须了解对手,懂得并研究当代西方经济学。

谭崇台提出在系统、全面了解西方发展经济理论的同时,应当以马克思主义为指导,联系我国的实际,对那些理论进行解剖和分析;还应当根据发展中国家,特别是我国的经验,建立新型的发展经济学。这些年来,他研究了国外一些著作中五花八门的体系构造,并结合中国实际,提出了一个独特的理论体系,它包括:发展经济学的对象和方法、学派和基本理论、经济发展因素分析、经济发展战略与政策、经济发展的机制、经济发展的外部条件及实证研究等。

1985年,他在人民出版社出版的《发展经济学》是国内第一部系统评述西方经济发展理论的专著。在书中,他第一次从发展经济学的兴起和演变的角度概述了发展经济学的框架;从有关经济发展问题的各个侧面,系统地介绍了主流派发展经济学的基本理论,适当介绍了非主流派的发展经济学家的一些思想;考察并分析了发展中国家在30

年间经济发展的成就和问题；还对发展经济学进行了客观的评价，指出了它的庸俗性和一些可借鉴的成分。

1989年，他又主编出版了被列为国家教委"七五"规划高校重点教材的《发展经济学》（上海人民出版社出版），该书被国家教委授予国家级优秀教材一等奖，并被推荐为全国研究生通用教材。

1993年，他主编的《西方经济发展思想史》（武汉大学出版社出版），被誉为国内外第一部以经济发展思想为脉络的西方经济学说史，后获第三届"国家图书奖"。

言及发展经济学起点，谭崇台认为尽管经济发展思想始于15世纪至17世纪的重商主义，并且"二战"以后的经济重建问题也重新引起了西方经济学家对发展问题的重视和关注，许多关于发展问题的著作因此广泛流行，但是这些思想视野是狭隘的，缺少实证分析与系统性，还远远没有具备一个学科形成的必要条件。因此，他率先提出"1945年以前的发展经济学"并不存在，为发展经济学确定了起点。他把发展经济学分成三个阶段，即20世纪40年代末至60年代中期以结构主义为主导思想的第一阶段、60年代末期开始以新古典主义思路为主流的第二阶段、80年代开始进行到以新古典政治经济学为主导思想的第三阶段。他强调，发展经济学是一门年轻且充满着生命力的学科，由于历史、文化、社会状况各有不同，发展中国家经济发展的初始制度基础具有极大的异质性和特殊性，不同的发展中国家提供丰富的发展经验，将会是发展经济学永不枯竭的源泉。

尽管谭崇台认为1945年以前并不存在发展经济学，但是这并不意味着过去的经济学家的著作中不包含经济发展思想。相反地,他认为,当代的发展理论中吸收了不少经济学说的经济发展思想,因而对待经济学说史并不能单纯地以价值理论和分配理论为主线进行以批判为目的的研究。

名字同发展经济学紧紧连在一起

长期从事西方经济学的教学和科研工作的谭崇台,被认为是将西方发展经济学引入中国的第一人。他认为,中国是世界上最大的发展中国家,研究发展经济学对我国制定科学的发展战略政策、少走弯路具有重要的参考意义。

计划与市场的关系是经济发展过程中一个十分重要的问题,它不仅涉及政府在经济生活中所扮演的角色,而且关系到市场经济制度的构建。西方发展经济学家对此问题一向有分歧。结构主义认为,发展中国家应该强化政府计划和经济干预,新古典主义则认为自由竞争和自由贸易是最好的。对此,谭崇台作了客观全面的分析。他指出,市场经济的运作并不是十全十美的,有可能出现市场失败。在发展中国家,市场体系不发达,市场法规不健全,市场信息不完备,劳动分工层次较低,二元结构特征更是阻碍了市场机制的运作,市场失败问题会以更为突出的形式表现出来。因此,发展中国家的政府对商品经济和市场机制的发展,不能抱听之任之的态度,而应当发挥政府的作用去推动和促进。同时,他指出,过于集中的宏观调控也是有弊病的。

这一点，我国计划经济时代的教训尤为深刻。他说，没有哪一个国家的政府完全依赖市场，也没有哪一个政府完全依赖集中计划。市场机制是调节经济的一只"看不见的手"，它可以促进资源的有效配置和效益最大化；政府宏观调控是一只"看得见的手"，它可以弥补市场机制的缺陷，实现宏观经济的平衡和社会效益的最大化。这两只手各有千秋，我们应当"两手并举"，在现实中要取其所长，去其所短。这些真知灼见对于我国经济改革和发展无疑具有重要的现实意义。

可以说，谭崇台的名字同发展经济学紧紧连在一起。他一贯认为，发展中国家起初都是贫穷落后的农业国，经济发展过程中有形似统一而实际矛盾的两个方面：一是随着经济发展，农业在国民经济中的比重逐渐减小，一是经济发展必然伴随着快速的农业增长，以快速的农业增长为前提。作为一个发展经济学家，他对我国农业经济发展的状况深表忧虑。他就改造传统农业、振兴我国农业提出了富有创见性的观点与建议：第一，必须充分认识农业在社会主义初级阶段经济建设过程中的战略地位和关键作用。第二，必须稳定和完善家庭联产承包责任制。第三，必须对农产品实行正确的价格政策，发挥市场力量的作用。第四，必须大力发展农村教育和农业科技，通过人力资本的积累和技术进步的作用，构建农业持续增长的基础，促使农业经济由粗放型增长转向集约型增长。同时应当重视对农业的投入，增强农业的基础能力；应当注意农村剩余劳动力的合理转移，加强对乡镇企业的管理，促使经济效益与社会效益的统一。这些思想和战略主张，对于一个发展中大国的意义是深远的。

大 国 小 康

谭崇台与夫人韩中英

谭崇台对可持续经济发展进行了开拓性研究，并对"资源耗竭论"和"资源自然平衡论"提出了批评。同时，他强调，要区分经济增长和经济发展这两个不同的概念，不能以经济增长的速度代替经济发展的效果。谭崇台说，经济增长指社会财富或总产出的增长。衡量经济增长的通用尺度是GDP（国内生产总值）或GNP（国民生产总值）的增长率。"GDP是一定时期一国国土范围内本国和外国居民所生产的最终产品和劳务的价值总和。GNP是一定时期一国国民在国内外所生产的最终产品和劳务的价值总和。由于计算方法不同，两者数值不完全相等，但增减趋势是一致的，现在，更多的人倾向于使用GDP。"经济发展指随着经济增长而发生的社会经济多方面的变化，如投入产出结构的变化、一般生活水平和分配状况的变化、卫生健康状况的变化、文化教育状况的变化以及自然环境和生态的变化。可见，经济增长内涵较狭，经济发展内涵较广。他说，经济增长是一个数量概念，经济发展在一定范围内可以量化，但更偏向于一个质量概念。"经济增长是经济发展的动力和手段，经济发展是经济增长的结果和目的。没有经济增长，不可能有发展。"

谭崇台强调，尽管经济增长是经济发展的必要的、先决的条件，但经济增长并不自然地、必然地带来经济发展。"如果政策有失误，或体制不健全，就可能出现增长虽快而发展滞后，甚至'有增长而无发展'的情况。例如，经济增长了，但经济效益提高缓慢或下降；生产增长了，却实际上是经济上的虚耗，产值增加，但产品质量低劣，不为市场所接受，或产品质量合格，但缺少需求，不能实现其价值；

生产增长了，但消耗了过多的资源和能源而附加价值却不高；生产在某些方面的增长，从微观、局部、短期看似有一定的甚至相当大的经济效益，而从宏观、全局、长期看却造成很不好的社会效果，如有害人民健康、污染自然环境和破坏生态平衡等；经济增长虽快，但分配不公，收入差距扩大，城乡对立以及其他社会问题日益激化；为了追求高增长速度，不考虑人民的承受能力，不计社会代价，结果不但不能促进经济发展，反而造成经济倒退。"

在确定经济增长的速度时，要考虑经济发展究竟要取得什么样的效果，社会目标究竟会不会完美实现。谭崇台的话语重心长，他说，决不能把经济增长指标等同于经济发展战略，或者把经济发展战略简单化为经济增长指标。"在开发项目时，不要只着眼于它本身的经济效益，而要关注它的社会经济效果和影响。对每个投资项目，都要进行科学的项目评估，做出社会成本和社会收益的分析和论证。对一切经济工作的考察都应当把视角从经济增长扩大到经济发展。只从经济增长的观点看经济工作，看见的往往只是眼前的、自身的价值，而忽视的往往是长远的、外部的害处，以致不可能权衡取舍，做出正确的决策。从经济发展的观点看经济工作，可以看见长远的、全局的利害得失，从而有利于权衡取舍，做出正确的决策。一言以蔽之，经济发展才是硬道理。"他认为，以民为本、统筹兼顾、促进经济平衡快速发展的科学发展观是对经济发展问题认识的一个飞跃，有利于中国经济建设"又好又快"发展。

2002年，年逾八旬的谭崇台以一个经济学家的学术良心和学术洞察力，审视进入 21 世纪后我国在国民经济总体上告别短缺的同时所出现的"丰裕中贫困"问题。谭崇台认为，这在发展中国家的经济发展史上是一个新问题、一种新现象。这种贫困在表象上与凯恩斯所说的"丰裕中贫困"相似，因而借用其名，但在本质上却是不同的：不仅存在需求不足和公开失业，而且还存在发展中国家特有的经济结构失衡、隐性失业和绝对贫困等问题。长期以来，发展经济学总是致力于研究发展中国家经济如何在"短缺"中摆脱"贫困"，而对发展中国家在经济发展进程中可能出现的"丰裕中贫困"缺乏足够的思想认识和理论研究。因此，剖析中国在经济发展到一定阶段后出现的"丰裕中贫困"现象，阐述这种新现象的理论内涵，研究消除"丰裕中贫困"的发展战略，是谭崇台在发展经济学研究中的一个理论创新，对于中国当时正在实施的全面建成小康社会的伟大工程，对于发展经济学理论的丰富和发展，具有十分重要的理论与现实意义。

"称职的教书匠"那独特的人格魅力

寄望尽早解开发展中大国最复杂、最艰深的经济学难题的谭崇台，学贯中西、博古通今。与其交谈时，他往往引经据典，侃侃而谈。与其杰出的理论成就相媲美的是他淡泊名利、虚怀若谷的崇高人格。他经常提醒学生和自己："做学问之前要先学会做人，七分做人，三分做学问；要始终保持谦虚学习的心态。我的观点不一定正确，你们可以随时进行批评。"

几十年来，谭崇台不仅桃李满天下，培养了一大批经济学理论研究与实践人才，还以担任社会职务、发表研究报告等方式，积极为国家经济建设献计献策。耄耋之年，谭崇台仍然奋战在教学和科研第一线，仍然保持着学术上的朝气、敏锐与激情。他严谨的学术品格、高尚的思想情操，深深影响了一代又一代学子。至于他自己，他认为不过是一名"称职的教书匠"。

学高为师，德高为范。"20世纪80年代学经济的大学生没有一位没读过谭先生的经济学著作。"曾任武大校长的顾海良评价，谭崇台不但将西方发展经济学引入中国，还不断地追踪、深化，把它和中国实际结合起来。顾海良说："国内的发展经济学著作基本都是谭崇台阅读大量外国著作后介绍过来的，当时很多词语根本没有中文翻译。增长点、发展极、二元结构、农业剩余劳动等都是由谭先生翻译出来的，不仅为学术界普遍接受，而且成为广大民众口中常用的名词。"

尽管头发斑白，但晚年的谭崇台精神矍铄、步履稳健、耳聪目明。谭崇台笑着说："家里的人说悄悄话我都能听到，耳朵一点也不聋。"说到养生，他这样总结："我有三条经验。一是有一种健康的生活方式。我一辈子生活都很有规律，从来都不'开夜车'，每天都在晚上11点以前休息。二是保持心态平稳，一辈子心淡如水，上升时不得意，失意时不沮丧。另外，还需要有一个和谐美满的家庭。"老人慈祥随和，思路清晰。

在武汉大学经济与管理学院教授、儿子谭力文眼中，谭崇台是他的严师和慈父，他在自己主编的第一部著作的前言中写道："感谢我的父亲谭崇台教授，他一直关注着我的工作，并一直是我人生道路和教学、科研工作的严师和慈父。"对于儿子的成就，谭崇台则说："我在专业上没有帮他什么，我教给他的只有一句话：做人要有好的人品。几十年来，在他失落时，我鼓励他，用品质和自己的行动来引导他。"

采访结束后，谭崇台将一部43万字的《谭崇台选集》赠送给笔者。细细翻阅这部凝聚他学术成就的著作，品味着他经济思想的博大精深，一个个富有创新意义的学术观点让人大开眼界。翻到后记，笔者感动了："只要一篇文章还有正确的方面，错误的东西就让它保持原样，使读者可以看出我曾经何等浅薄而现在是何等需要不断探索，从而对我的一生有较全面的了解。"透过这些文字，笔者读到了老先生严谨的治学态度。难怪他年事已高仍然坚持给博士生上课，并且从不迟到一分钟，讲稿也是经过仔细推敲并不断更新。他说："如果我还是沿袭老一套的思想和观点去随便应付一下，这样做不仅对不起学生，更愧对自己。"

博学、严谨、谦虚、淡泊，这是老一辈知识分子独特的人格魅力。这一切，在谭崇台身上得到体现。他不愧是中国发展经济学领域的一面旗帜！

2017年12月9日，谭崇台病逝，享年97岁。

李培林

深度透视和谐中国

LI PEILIN

大国小康

李培林，著名社会学家、中国社会和谐问题研究专家。1955年5月出生于山东济南，1982年毕业于山东大学哲学系，1984年获法国里昂大学硕士学位，1987年获法国巴黎第一大学社会学博士学位。历任中国社会科学院社会学研究所城乡社会学研究室副研究员，中国社会科学院工业社会学研究室主任，中国社会科学院社会学研究所党委书记、副所长，中国社会科学院研究生院社会学系主任（兼）、博士生导师，中国社会科学院副院长、学部委员。当选过十八届中央委员会候补委员，十三届全国人大常务委员会委员、社会建设委员会副主任委员。

李培林，法国巴黎第一大学（索邦大学）社会学博士，博士生导师，发表了近百篇有影响的学术论文，还出版过10多部学术专著……

他还曾是十八届中央委员会候补委员、中国社会科学院副院长、国家社会科学基金评审委员会委员、马克思主义理论工程社会学专家组成员、国家"五年规划"专家委员会委员，现为全国人大常务委员会委员。

一个春日的下午，笔者专访了这位著名社会学家。尽管采访时间只有两个多小时，但整个访谈浓缩了这位社会学家丰富的人生，让笔者领悟到一位社会学家的职业良心与社会责任感。

首次提出"社会转型"理论

20世纪90年代初，李培林首次提出"社会转型"理论，在学术界和社会上引起强烈反响。当时，一般人认为，就影响中国资源配置和经济发展的力量而言，存在着两只手：一只是有形的手——政府干预，一只是无形的手——市场调节。李培林认为，实际上，由于中国正处于一个结构转型时期，并且中国经济处于含义更加广泛的非平衡状态，因而对于中国来说，还存在着"第三只手"，即"另一只看不见的手"，这就是社会结构转型。

而今,"社会转型"理论已成为描述和解释中国改革开放以来社会变迁的重要理论之一。社会学老前辈、全国人大常委会原副委员长雷洁琼认为:"提出'转型社会'的概念,很有意义,涉及理论和实践的很多问题。"李培林坦言:"'社会转型'的思想其实是现代化理论的经典思想,并非我的发明,我主要强调了社会结构转型与经济体制转轨是两个共存的但并不一样的转变,是两个过程和两种逻辑,并根据中国和东亚的经验认为不能对'传统'简单地排斥。这两个转变的共存决定了中国增长和发展的特色,形成了引起世界各国关注的'中国经验'"。

李培林对社会转型的研究肇始于对改革开放以来中国一系列巨大变化的观察。当时,他认为,经过改革开放,中国已进入一个新的社会转型时期——转型的标志是:中国社会正在从自给、半自给的产品经济社会向有计划的商品经济社会转型,从农业社会向工业社会转型,从乡村社会向城镇社会转型,从封闭、半封闭社会向开放社会转型,等等。

2003年10月,中共十六届三中全会召开。全会审议通过的《中共中央关于完善社会主义市场经济体制若干问题的决定》提出了很多方面的改革任务,是从完善社会主义市场经济体制和建设更具活力、更加开放的经济体系的总要求考虑的,是一个总体设计。在具体实施的过程中,提出必须坚持统筹兼顾,有重点、有步骤地推进改革,协调好各项工作和各方面的利益。一时间,协调发展被赋予了更加具体的内容:统筹城乡发展、统筹区域发展、统筹经济社会发展、统筹人与自然和谐发展、统筹国内发展和对外开放。人们据此将十六届三中全会称为"新三中全会",将其视为中国向现代文明发展的一个历史分水岭。

对于"五个统筹",反应最强烈的也许是社会学界了。早在1990年,社会学界的有识之士便根据国际上发展中国家的发展经验,提出了经济发展要与社会发展相协调的发展观念。李培林说:"这标志着我们国家的发展战略发生了重大调整。"

李培林是最早提出"经济发展必须与社会发展相协调的"社会学家之一。多年来,这位留法社会学博士多次在不同的重要场合呼吁,"必须把社会发展列入政府中心工作""调整发展战略,从以经济建设为中心转变到以经济建设和社会发展为中心"。

李培林介绍说:1978年以后,我国逐步确立了以经济建设为中心,以满足人民生活基本需要为主要目标的发展战略。但是,我们的发展计划仍然是经济计划,我们的发展观,仍未改变经济单项突破的总体框架。直到1982年12月,全国人大五届五次会议才正式把我国"国民经济五年计划"改为"国民经济与社会发展五年计划"。于是,第六个五年计划开始增加"社会发展"的内容,并把社会发展与经济发展并列起来。但是,究竟什么是社会发展?它包括哪些具体内容?它与经济发展如何协调?对此,当时我们还没有进行全面的、整体的和系统的研究。

对于中国改革的路径设计,从一开始一些经济学家和一些社会学家就存在着认识分歧。有些经济学家始终认为改革必须付出代价,而与中国经济快速发展相伴而生的贫富差距、环境污染、官员腐败等问题便是"不可避免的""虽然不符合道德但却符合经济理性"的增长代价。在相当长的一段时间里，这种观点影响了某些政策的取向和社会舆论。

这一流行甚广的观点并非空穴来风。经济学分配理论中有一条颇为有名的库兹涅茨曲线（又称倒U形曲线）。其大意是，在经济快速起飞的情况下，人们的收入差距会急剧扩大，但当人均GDP达到一定程度的时候，就会出现收入差距缩小的状况。这一理论给中国经济学家的启示是不言而喻的。在20世纪90年代中期以前，多数学者都认为，中国贫富差距的变化也将符合这条变动曲线，即在我国人均GDP达到1000美元的时候，会出现符合发展规律的拐点。2006年前后，李培林曾分析说："现在，我国的人均GDP已经大大超过了1000美元，但贫富差距不仅没有缩小反而在继续扩大，而且迄今为止我们还看不到短期内这种差距扩大的趋势能够根本扭转。"更令人担忧的是愈来愈大的城乡差距，"根据我们的测算，我国农民人均收入要在2020年才能达到2000年城镇人均收入的水平，也就是说，我们国家城镇和农村之间的收入差距至少在20年以上，这还必须以保证农民人均纯收入年均增长5.8%为前提。'十五'期间国家采取了包括取消农业税这样的坚决措施，农民收入在2004年和2005年获得较快增长，但五年平均看，农民人均纯收入年均增长5%，几乎只有城镇人均收入增长速度的一半"。李培林认为，"五个统筹"战略的提出正是基于这样的背景："中国经济增长已经到了这样一个阶段，即增长本身要求必须解决增长过程中的种种不协调现象，否则经济增长就难以为继。"

在李培林看来，"五个统筹"的提出标志着我们国家整个发展战略出现了重大调整和变化。在那些一直以追求 GDP 增长为工作中心的各级领导干部心中，很可能会出现这样的疑问："五个统筹"会不会使我们的整体发展速度降下来？对此，李培林的回答是否定的。

"在各种经济指标中，GDP 是一个非常重要的经济总量指标，但它的局限性也很明显，许多福利总量的损失和发展的代价，GDP 都难以反映出来。"李培林进一步阐述道，从单纯追求经济增长到追求整体的社会发展是世界性的发展观的转变，也是大多数发展中国家走过的道路。

据李培林介绍，联合国第一个发展十年（1960—1970）的规划报告和 1970 年第二个发展十年规划的底本，都是强调以 GDP 的增长为核心。进入 20 世纪 70 年代以后，这种发展战略的局限和给发展中国家带来的问题日益明显：资源浪费和短缺加剧、环境污染和生态破坏严重、贫富差距悬殊、产业结构畸形、外债有增无减，等等。很多社会发展的重要价值，如平民教育、社会保障、医疗健康、生态环境、社会公平等往往被作为增长的代价牺牲掉。这样就形成了"有增长无发展"的局面。正是在这种情况下，自 20 世纪 70 年代中期以来，各种"替代发展战略"不断出现，像 1992 年联合国"环境与发展大会"通过的"可持续发展战略"，便是一种最新的"替代战略"。

李培林说，中国的状况不容乐观，譬如我国现在总体上已成为淡水资源非常紧缺的国家，过去东北地区和长江沿岸一些从不缺水的城市，现在已普遍出现缺水的状况，而且这种情形仍在蔓延，很多城市已开始使用无法恢复的，且只能供8—10年使用的深层岩水，众多农村人口不得不饮用已被污染的地表和浅层水源。2003年年初大规模暴发的"非典"疫情更是让全社会认识到，不仅我们的公共卫生和防疫系统存在重大疏漏，政府信息披露迟缓和处理危机事件能力不尽如人意，而且我们整个发展战略也需要调整。正是在这种情况下，中央及时做出了调整国家发展战略的重要决定，在"非典"经验总结会上，胡锦涛主席坚定而明确地指出"增长不等于发展"。

国家发展战略的调整，必将给各级政府带来新的挑战。"长期以来，相当一部分地方政府认为经济增长是'硬'道理，社会发展是'软'道理，经济增长是赚钱的，社会发展是花钱的，不挣钱哪有钱花？"在这种思想影响下，过去在对各级领导干部的考核中，往往把他们的业绩与当地GDP增长的速度联系在一起。李培林说："实现协调发展的战略目标，首先意味着要以人民福祉的增加作为衡量政府政绩的主要指标，而不是GDP增长的单一指标，必须认识到提高人民生活水平既是一切工作的出发点也是落脚点。"他认为，我国已不再是政府主导型的经济，经济走上了按照其自身规律发展的轨道。在这种情况下，政府的主要责任，也不再是为了经济的增长去做各种产业投资的计划，而是维护和完善市场秩序，解决好市场本身不能解决的各种社会发展问题，如就业、收入差距、社会保障、教育、医疗卫生、健康、环境和资源保护，等等。

在李培林眼里，社会发展是一项整体的系统工程，发展的要素不仅是指经济和财富的增长等"硬件"，而且包括政策调整、体制改革、机制转轨、观念转变等"软件"。各种新要素的导入、传播和经济的数理增长，带来整个社会结构的变化，从而使人民生活和各个非经济领域也发生明显的改善。

与中央领导交流和谐社会构建方略

2005年2月21日下午，中共中央政治局进行第20次集体学习。李培林作为第一主讲人和景天魁研究员就"努力构建社会主义和谐社会"这个问题进行了讲解，并谈了他们的有关看法和建议。当时，李培林主要就"国内理论界关于'社会主义和谐社会'的主要观点""国外关于协调社会关系的主要观点和做法"和"理解社会主义和谐社会的科学内涵需要把握的几个方面"以及"构建社会主义和谐社会面临的新形势"等内容进行了讲述。中央政治局各位同志认真听取了他们的讲解，并就有关问题进行了讨论。

回忆起为中共中央政治局集体学习进行讲解时的情景，李培林依然难以平静。他说，胡锦涛在主持学习时发表了讲话，指出"做好任何一项工作都离不开理论指导。与社会主义经济、政治、文化建设一样，我们对社会主义社会建设的理论研究和实践探索还有大量工作要做，因而尤其需要在实践的基础上加强理论研究。……要通过深入系统的理论研究，深化对构建社会主义和谐社会的规律性认识，使我们关于新形势下构建社会主义和谐社会的理论更加完备，使我们推进社会主义和谐社会建设的工作更加富有成效"。这对广大理论工作者提出了很高的要求，也为广大理论工作者提供了施展才能的广阔舞台。

在这次集体学习结束后，胡锦涛对主讲人李培林和景天魁语重心长地说："现在提出构建社会主义和谐社会，是社会学发展的一个很好的时机，也可以说是社会学的春天吧！你们应当更加深入地进行对社会结构和利益关系的调查研究，加强对社会建设和社会管理思想的研究。"接受采访时，李培林深有感触地说：的确，社会学工作者要抓住机遇，认识到新的历史时代赋予我们社会学更艰巨、更光荣的使命，社会学也迎来了更大的发展机会。

2005年10月8日，中共十六届五中全会召开，会议的主要议题是研究制定国民经济和社会发展第十一个五年规划。这个规划建议于2006年3月提交全国人民代表大会第四次会议审议而正式通过。这个五年规划，是以胡锦涛为总书记的中共中央领导下编制的第一个五年规划，也是提出"科学发展观"和构建"和谐社会"的重大战略思想后编制的第一个五年规划。

中国自1953年起实施第一个五年计划，最初的几个五年计划对国民经济的方方面面规定了无数个硬性指标，虽然从理论上这种计划也具有一定程度的行政法规效力，但实际上计划不如变化快的情况经常发生。不过，自改革开放以来，"五年计划"逐步从指令性的计划转变为指导性的、预期性的和约束性的计划。到"十一五"时期，基于社会主义市场经济体制已经建立的客观现实,"计划"一词也改为"规划"。李培林认为,"十一五"规划不同于以往五年计划的最突出特点,就是把落实科学发展观和构建社会主义和谐社会的重大战略思想作为主线,强调以人为本和经济社会协调发展。

2005年年初在全国人大和政协两会之前,温家宝总理在十分紧张繁忙的日程中安排了4次座谈会,邀请各民主党派中央、全国工商联负责人和无党派人士,经济社会领域专家学者,教育、科技、文化、卫生、体育界代表,企业界和工人、农民代表到中南海座谈,征求对《政府工作报告(征求意见稿)》的意见。

在经济和社会领域专家学者座谈会上,李培林等专家对当前经济和社会发展形势谈了看法,就推进改革开放、加快转变经济增长方式、扩大消费需求、解决部分行业产能过剩等问题提出了意见和建议。李培林激动地回忆说:"温家宝总理与我们专家学者等围坐在一张椭圆形的会议桌前,总理非常专注地边听边记,还不时插话。我们结合《政府工作报告(征求意见稿)》,从各自的实际出发,纷纷发表看法和建议。"

作为国家"十一五"规划专家委员会委员,李培林每次在有关专题会议上,围绕"十一五"时期的发展目标、重大任务、重大举措、重大政策等内容积极参与讨论,对进一步修改完善《国民经济和社会发展第十一个五年规划纲要》提出了个人诚恳的意见建议,认真探讨有关论证报告。

李培林强调,经济增长与社会发展同步,才能真正实现和谐。因

李培林 | 深度透视和谐中国

李培林拜访社会学家费孝通先生

为"随着改革的深入和经济的发展,我们今天面对的主要问题与过去相比也发生了一些变化:改革初期,我们主要是要解决社会缺乏活力和效率的问题,今天我们所面对的是过去所不曾有的在城乡、地区和不同社会阶层之间存在的很大的利益差别,要强调公平、公正、共同富裕;改革初期,我们更多地注重经济总量指标的增长,而在今天,经济和社会之间发展不协调的问题比较突出,我们愈来愈需要追求的是经济社会的全面协调发展;改革初期,我们是循序渐进地对外开放,而且开放主要是在经济领域,而在今天,经济全球化的影响波及我国社会的所有领域;改革初期,我们比较侧重于处理好政府与市场的关系,注意发挥市场的作用,而在今天,我们愈来愈迫切地需要处理好政府、市场、社会三者之间的关系。这些都说明,我国已经进入了一个改革和发展的新时期"。

和谐之美,乃美美与共!李培林说,构建和谐社会的目标,并不是与"以经济建设为中心"相矛盾的,而是紧密联系的,对这个问题的关注是由发展本身提出来的,是对发展理论的深化和完善。言及建立市场经济与构建和谐社会有什么异同,他坦陈:"构建和谐社会将更为复杂,因为它已经超出了单一的经济领域,涉及经济、政治、文化等诸多领域,实际上是一个社会系统工程,引入社会变量会更多。市场经济在提出之前,已经有很多充分的讨论和较深入的研究了,经过了20多年的实践,中国特色的市场经济理论和制度体系才基本确立;和谐社会的理论和制度体系的形成,也要通过一个相当长的探索和实践过程,理论要经过实践的检验。"

作为一位长期从事社会学研究的专家，李培林对构建社会主义和谐社会充满了向往。他说，构建社会主义和谐社会是一项伟大的事业，也是一项前无古人、十分艰巨的事业，需要付出艰辛的努力。成功构建社会主义和谐社会，必将极大地推进中国特色社会主义事业，并对世界的发展作出重要贡献。

做学问要耐得住枯燥与寂寞

高中毕业后，李培林当兵服役过几年。

1977年7月，党的十届三中会全召开，恢复了邓小平同志的职务。邓小平复出后将教育整顿作为突破口，拍板决定恢复高考。恢复高考的消息太出乎李培林的意料了，半信半疑的他还专门跑到有关部门去查证消息。

恢复高考的消息让李培林这样早就有志于跨进高等学府的人欢呼雀跃，他马上进入临战状态。竞争是非常激烈的，全国有570万青年报名参加高考，而当年招生计划只有20余万。

1977年的中国没有"冬天"。77级学生，作为恢复高考之后首批被录取的大学生，在共和国历史上具有独特的意义，他们是绝处逢生的苦命儿，是坎坷人生路上的幸运儿，是一群与众不同的知识青年。李培林姐弟仨就在当年20余万幸运儿之列。当时，李培林的哥哥报考了山东工学院，李培林与姐姐报考的是文科，且起初都填报了山东大学哲学系。"当年，学哲学十分热，哲学被视为人文社会科学的皇冠，经济学专业还没有热起来。由于哲学就招收一个班，学校就建议姐弟别在一个专业。那时，父亲对姐姐说，哲学史上好像还没有出现过什么女哲学家，你还是学经济学吧！"李培林后来如愿进入山东大学哲学系学习。

大学毕业后，李培林考上统考的公派出国留学生，起初拟派往美国，后因名额问题改派往法国。于是，他到北京语言学院（如今的北京语言大学）出国培训部进行了一年多的法语强化训练，"每天早晨6点起来背单词，晚上躺在床上听录音直到入睡"。

1983年，李培林终于到了过去通过巴尔扎克和雨果的小说了解的法国，并在读完硕士后进入坐落在巴黎拉丁区塞纳河畔的巴黎第一大学。望着巴黎塞纳河的潺潺流水和富人区华丽住宅上面的亭子间，李培林不禁想起巴尔扎克小说中描写的外省小人物到巴黎后不择手段地挤入上流社会的奋斗过程。

"第一学年下来省下了一些钱，就和同学结伴而行，买欧洲学生暑期旅游通票，背着睡袋游遍欧洲的主要城市，据说我们是第一批这样游历欧洲的中国大陆学生，到哪儿都被当作日本人。"旅游归来后，李培林兴致勃勃地给导师谈一路趣闻，导师却沉着脸甩给他一份长达几页纸的读书书目。回去细看，李培林的心瞬间凉了下来，所列的书目都是老掉牙的古典著作，"当时想学习最时髦的理论和最新潮的思想，心想读这些书还用不远万里跑到国外？"

此后，李培林曾多次试着和导师讨论一些最新发表的新奇理论，以便炫耀自己阅读的广泛和对前沿问题的跟踪。没想到没有一本书逃出导师的阅读视野，他的知识面之广超出了一般人的想象，最后还是扔过来那句老话，回去读经典，要耐得住枯燥。李培林多想让导师更多地带自己去参加国际学术会议，更多地去探访那些大公司和机构，更多地参加学者的聚会和沙龙，但导师似乎最卖力的就是开书单。有时读起来实在是味同嚼蜡，但李培林也只好硬着头皮读，读书笔记就做了十几厚本。李培林曾想，西方的导师也没有什么治学的诀窍，无非是耐得住枯燥而已。"这耐得住枯燥来读书，参加工作后才让我感到终身受用无穷，因为以后忙着进行课题研究，忙着进行实地调查，忙着整理数据和资料，忙着著述写文章，还忙着各种科研、教学和外事的行政事务，再也没有这么集中的时间安静地读书。倒是我的博士生在读书上不断鞭策着我，看到他们捧着自己的博士论文就像捧着自己新生的婴儿，我也分享一份他们耐得住枯燥的喜悦。"

深入实际蹲点调研了解国情

1988年，获得巴黎第一大学博士学位的李培林，回国到中国社会科学院社会学研究所工作。从此，他再也没有"流动"一下。

刚回国的时候，李培林正赶上社科院组织的全国百县市经济社会调查。于是，他参与了一个课题组，到山东陵县（今德州市陵城区）进行了为期一年的调查研究。从繁华喧闹的巴黎，一下子深入一个到处是盐碱地和沙土地的农业县，一时间李培林的心理还难以接受。"这个县曾长期是中央农村政策研究室资助的一个调查和观察点，我们住在观察点长期租用的县政府招待所的一排平房里，屋子里有很多过去来过的调查人员留下的旧书刊，甚至还有一张乒乓球台。我们每天骑着自行车，到县政府各个部门和村里去搞调查。"

刚去的时候正赶上冬天，平房没有暖气，靠烧煤取暖，李培林这些在城市暖气房子里住惯了的人，最怕的就是晚上封煤炉，往往十有八九会封灭，第二天重新生火，一个个被烟熏火呛得直流眼泪。李培林说，最惬意的时候，是外面狂风呼啸雨雪交加，户外的一切活动似乎都停止了，屋里的炉火因气压升高而被烟囱抽得特旺，连炉子也烧红了，这时躺在被窝里，沏上一杯碧螺春，翻着久违了的闲书，心不在焉地听着录音机里传来的《卡门》……

尽管当时的工作条件和环境比较艰苦，但李培林认为那一段经历对自己此后的学术道路影响很大。他说："中国的县级单位是相对完整的社会，是国家大社会的缩影，对县一级社会的解剖，是了解国家大社会运行和发展的基点。要真正做到调查的实事求是，是很辛苦的事，也是很有意义的事。"对于改革以来农民生活水平变化的评价，当时通常是以"人均纯收入"的增长来衡量，但李培林在调查中发现，这一指标是适应农村生产责任制而产生的，把它与改革前公社体制下"人均分配收入"进行比较时，尽管二者在形式上基本一致，都是总收入扣除经营费用、国家税收、集体提留和生产性固定资产折旧后与参与分配人口的比值，但"人均分配收入"没有包括自留地和家庭副业（尽管可能很少）的收入，而"人均纯收入"实际上有一部分要用来上缴集体提留以外的"乱收费"项目，此外计算收入时农产品

李培林 | 深度透视和谐中国

李培林和母亲、哥哥

实物的折价标准由于国家收购牌价的变化而调高了。在考虑到这些因素的基础上,李培林测算的该县农民人均纯收入 1988 年比 1978 年增长了三倍多。对于这一结果,李培林又通过对农民消费水平、消费结构、食品结构的分析进行了旁证,而此前的多数文章和调查材料都认为该县农民人均纯收入 1988 年比 1978 年增长了十多倍。李培林说:"没有细致费力的调查和测算,就无法掌握这种差异,而仅凭省力的统计数据的比较,在学术上就有很大的风险。"当年入户访谈与不善于簿记的农户一起计算着货币和实物的收入,为了一个数据的真实性执着地与统计部门争得面红耳赤,这一个个情景时时浮现在李培林脑海中。

在鲁西北这一年的蹲点调查是耗时费力的,但李培林从中获益匪浅:"从那以后,我在使用统计数据进行宏观分析时都非常谨慎,力求弄清楚每一个数据的口径、来源、可比性和可靠性。新中国成立以后,我们进行过很多细致的调查,但往往容易为了证明某种理念而丧失了学术上的实事求是,真正的学术应当是社会的良心。"

改革开放以来,国有企业一直是经济学研究的重点。尽管从扩大自主权到资产重组,国有企业进行了各种各样的改革,但效益状况很长一个阶段并没有根本好转。国有企业的研究,似乎成为社会科学中的哥德巴赫猜想。李培林一直从社会学的角度,进行国有企业的调查研究。1996 年,他组织了对全国 10 个城市 500 多家企业的问卷调查。面对上千万的调查数据,李培林心里却一直发怵,从纯粹学术的角度说,这么丰富的资料和数据,可以写出不少具有学术价值的文章,但如果这些数据本身有问题的话，根据这些数据所做的分析结果是否具有实际意义呢？于是，李培林决心和课题组一起花费大量时间进行个案访谈调查。

1997年秋，李培林一行前往东北调查。那里有世界上少有的肥沃的黑土地，风调雨顺的气候条件甚至省去了人工灌溉系统，那里有丰富的自然资源和人才储备。望着路旁一望无际的庄稼，李培林少了几分对于人多地少的忧虑，但又多了几分靠粮食作物如何致富的深思。李培林一行调查了很多家拥有数万职工的大型国有企业和军工企业，这些企业由于是资源开发型的或基于当初战略上的考虑，有些设在远离城市的地方，有的甚至在少有人烟的山区，要花很多时间乘车前往。听说是从北京来搞调查的，企业和工人对他们显示出极大的热情，介绍和陪同他们来的省劳动部门干部对他们说，"很多企业都拖欠了一年多职工工资了，职工情绪很大，因一时难以解决，他们都不敢来"。李培林一行人对各个层次的职工进行了个别访谈，有时一个职工就谈五六个小时。李培林常常不忍打断他们滔滔不绝的谈话，因为他们似乎有太多的事情要诉说，尽管他们知道这些研究人员无法给他们解决任何具体问题，但有人倾听他们的呼声似乎就是给他们的安慰。"他们很多人当年都是名牌大学的毕业生，为了建立共和国的工业体系，在'先生产后生活'的原则下，'献了青春献终身，献了终身献子孙'。"

一天，一家企业的厂长对李培林说，他是为了让该企业加强领导和扭亏为盈，从一家城市里经营状况好的企业调来的，但该企业产品缺乏市场，转产需要时间和资金，企业又在山区，没有"社会"，企业自己要"办社会"，负责职工的孩子入托、子女上学、家属就业，以及生老病亡、日常生活……再有本事的厂长，也会被这些事务和由此产生的成本拖垮的。李培林想：由于产业结构的升级和调整，很多传统产业必然地走向萎缩了，但如何在改革的过程中进行利益的整合，如何在市场经济条件下确立社会公正，如何对历史的欠账进行补偿，的确关系到改革中人心的向背。

这次调查，使李培林确立了对国有企业"社会成本"进行数量分析的重点。问卷调查中对国有企业养老、医疗、住房、福利以及各种福利设施的调查恰好派上用场，他用数量测算的结果来佐证企业个案访谈的结论。所谓企业的"社会成本"，就是企业正常生产经营成本以外的不得不承担的成本，这种成本直接冲销了企业的利润，但改由国家或社会承担尚缺乏必要的过渡条件。然而，没有对"社会成本"的清晰测算，就没有关于企业实际经营状况的真实信息和正确评价，也就难以做出对特定的企业是否应当补偿以及补偿多少、如何补偿的决策，也无法判断企业的亏损是否真是由于"社会成本"所致。李培林说："我的研究，对于解决国有企业的具体问题，也许根本算不上杯水车薪，但有那么多研究人员，如果对这样关乎民生的重大问题缺乏研究，这只能是学术本身的悲哀。调查研究人员最大的良心上的不安，是面对众多被调查者对你的期望，你的调研结果实际上可能对他们毫无助益。"从东北调查回来，为了平息这种不安，李培林赶写了反映问题的调查报告和解决问题的建议，"但我也知道，能够起实际作用的可能性十分渺茫。我从内心中惦念着，这些过去的创业者如何度过那个冬天……"。

从生活变迁中洞察当今中国"社会新常态"

社会建设是中国特色社会主义"五位一体"总体布局的重要组成部分，覆盖教育、就业、收入分配、社会保障、减贫脱贫、医疗健康、社会治理等重要民生领域。党的十八届三中全会以来，在习近平新时代中国特色社会主义思想指导下，在以习近平同志为核心的党中央坚强领导下，我国民生领域改革取得巨大进展，社会治理体系更加完善，社会大局保持稳定，国家安全全面加强，社会建设迈上新台阶。

李培林说，党的十八大以来，城乡居民人均可支配收入年均增长速度不仅远远超过物价增长速度，而且超过人均 GDP 年均增长速度。大众消费活跃时代开始到来。近年来，我国处于经济增速换挡期和转变发展方式、优化经济结构、转换增长动力的攻关期，以大学生为主的青年就业、农村劳动力转移就业以及去产能产业的就业安置任务繁重，同时国际经贸形势的深刻变化对就业产生了不利影响。在这种情况下，我国采取一系列更加有效的促进就业政策，就业形势总体保持稳定。

改革开放以来，我国取得了举世瞩目的减贫成就，为国际减贫事业作出了突出贡献。2013 年 11 月，习近平同志在湖南考察工作期间，首次提出"精准扶贫"理念。李培林说，2020年，我们实现了现行标准下农村贫困人口全部脱贫，消除绝对贫困。这是一项世所罕见的伟大减贫工程，将深刻改变我国农村贫困地区面貌。

"社会保障是民生安全网、社会稳定器，与人民幸福安康息息相关。"李培林说，我们大力实施全民参保计划，按照兜底线、织密网、建机制的要求，完善城镇职工基本养老保险和城乡居民基本养老保险制度，完善统一的城乡居民基本医疗保险制度和大病保险制度，统筹城乡社会救助体系，完善最低生活保障制度，完善社会救助、社会福利、慈善事业、优抚安置等制度，加快建立多主体供给、多渠道保障、租购并举的住房制度，全面建设覆盖全民、城乡统筹、权责清晰、保障适度、可持续的多层次社会保障体系。

19世纪德国统计学家恩格尔根据统计资料，对消费结构的变化得出一个规律：一个家庭收入越少，家庭收入中（或总支出中）用来购买食物的支出所占的比例就越大，随着家庭收入的增加，家庭收入中（或总支出中）用来购买食物的支出比例则会下降。推而广之，一个国家越穷，每个国民的平均收入中（或平均支出中）用于购买食物的支出所占比例就越大，随着国家的富裕，这个比例呈下降趋势。所以，食品支出在家庭消费总支出中的比例，被人们称为"恩格尔系数"，是衡量一个家庭或国家生活水平的重要指标。

但是，李培林认为，"恩格尔系数"无法反映饮食结构的变化，而对发展中国家来说，在"恩格尔系数"不变的情况下，饮食结构的变化本身，也会带来生活水平的变化。换句话说，一个家庭或国民，其粮食支出在食品支出中的比重越小，其生活水平越高。李培林戏言，仿照"恩格尔系数"，他把粮食支出占食品总支出的比重命名为"李氏系数"，也就是说，即便"恩格尔系数"不变，只要食品支出中的粮食支出占比降低，也表明生活水平在提高。

言及当今中国正经历哪些转折时，李培林说其中有一个表现就是居民生活消费的阶段转折。2000年以来，我国最终消费率和居民消费率都曾连续呈下降态势，但近年情况正在发生变化，特别是最终消费和居民消费对经济的拉动作用日益强劲。李培林说，国内消费已经超过投资和出口，成为最主要的经济增长推动力量。他认为，居民生活消费层级不断提升，以休闲、旅游、通信、网购引领的新型大众消费时代已到来。

李培林认为，在对社会冲突意识的所有解释变量中，价值认识矛盾很重要。李培林通过调查发现，"农村人比城市人幸福感更高"，但这个调查结果一度遭到了不少人的严厉批评，他们觉得农民真苦真穷，学者们还说他们幸福感高，是在粉饰问题。对此，李培林有自己的理解："'幸福感'是社会心理学长期研究的问题，反映的是人们主观生活质量。它是一种主观的感受，与客观指标反映的'幸福'往往并不一致，也很难进行跨文化的比较。决定人们'幸福感'的一个基本公式，就是人们对幸福的欲望除以人们满足幸福的能力。所以，幸福感的高低，不但取决于你'满足幸福的能力'这个分子，还取决于你的'欲望'大小这个分母。人们常说比较产生痛苦，而社会越开放，人们比较的参照就越多。"

李培林解释说，有钱的人或物质生活水平高的人不一定就幸福，毕竟其中精神焦虑、生活苦恼的人不在少数。当然，农村人幸福感高，也可能反映了温饱即安、知足常乐、缺乏进取的状态。李培林说："这种研究结果并非无意义。一方面，这种研究结果提醒我们，在物质生活水平不断提高的同时，也要注意主观生活质量；另一方面，它也告诫我们，社会中不满意程度较高、'相对剥夺感'较强、社会冲突意识较强烈的那部分人，可能并不是常识认为的那些物质生活条件最困苦的人，也不是那些收入低但利益曲线向上的人，而是那些客观生活状况与主观预期差距最大的人，是那些实际利益水平虽然不是最低但利益曲线向下的人。所以，在改革和发展中，不仅要注意解决'绝对贫困'问题，还要注意解决'相对贫困'问题，一方面要让绝大多数人能够共享改革和发展的成果，另一方面要有一个公平的社会流动机制，为人们提供公平的发展机会。"

久违的文学梦与难了的经邦济世情

1955年5月，李培林出生在山东济南一个书香门第。他家祖上曾连续五代从事乡间私塾先生行当。小时候，李培林的祖父给他灌输的观念是，将来是读书人管理的世界，不管世道怎样变，只要读书就有饭吃。

"文化大革命"改变了李家对"教书人"的看法。那时，李培林的父亲任山东师范大学校长，首当其冲受到猛烈的批判，幸好他

"老实人"的形象和对政治风云的嗅觉不灵敏救了他，他很快"靠边站"，并去"五七干校"劳动，避免了许多皮肉之苦。

父母下放后，怕儿子在家学坏，委托一位在山东师大图书馆工作的邻居阿姨管孩子。"这位阿姨没有别的高招，为把我拴在家中，借工作之便，每周都偷偷给我借回一摞当时还属于禁阅的有关文学、社会、历史的'资产阶级'的书。"当时，李培林每次看完后，就开一个书单接着借。正因为这特殊时期的阅读，李培林汲取了广博的知识，并对文学产生兴趣。

初中的时候，李培林比较喜欢古典文学。唐诗宋词元曲和明清章回小说，或飘逸、潇洒，或壮烈、激昂，故事情节的跌宕起伏远比数字的换算有趣，加之老师常把他的作文当作范文当堂宣讲，自尊心的满足一时成了李培林追求文学梦的激励。但时过境迁，年轻的梦想渐渐被火热的社会生活替代，隽永的文字也愈来愈被学术图表取代，一篇篇有分量的理论文章及调研报告成就了李培林个人的经邦济世的新梦想。

农村的城市化是李培林曾经进行的一个研究项目。那时，他发现广州"城中村"的形成与北京、上海周边地区的农村城市化过程尽管有些差异，但其由亲缘、地缘、宗族、民间信仰、乡规民约等构成的社会生活网络形态是一样的，而且同样都存在地权的问题。"城中村"现象说明城市的决策管理部门远远落在了农村发展的后面。不能简单认为城市中的农民是落后的，他们所代表的是一种文化，文化的多样性是有利于城市文明进步的。由此，李培林感到了震动，有了写作的欲望。于是，《巨变：村落的终结》一书问世了。人们本来以为，村落的终结与农民的终结是同一个过程，就是非农化、工业化或户籍制度的变更过程。但李培林认为，在现实中，村落作为一种生活制度和社会关系网络，其终结过程要比作为职业身份的农民更加延迟和艰难，城市化并非仅仅是工业化的伴随曲，它展现出自身不同于工业化的发展轨迹。村落终结的意义在于它最终要伴随产权的重新界定和社会关系网络的重组。

人们一般都认为，与外国人相比，自己对本国的社会具有更深刻的理解，而外国人走马观花、浮光掠影，只知皮毛就大发议论，多数看法都是隔靴搔痒。但是，李培林认为，来自异国文化视角的观察，往往能够跳出既定的分析框架，从一个全新的观察和比较视角，来解读人们已经习以为常乃至麻木不觉的日常事物，捕捉到一些发人深省的文化亮点。他的旅日随笔《重新崛起的日本》一书就是他"无心栽柳柳成荫"的收获。

2004年2月，李培林到日本做访问研究工作两个月。这期间，他尽量多接触日本社会，加之初来乍到对日本社会和文化有着特别的好奇心，于是，开始把一些观感记下来，并试着有意识地用社会学的分析方法去概括一些"社会潜规则"。这时，他久违的文学创作激情被激发出来了。不久，一部近20万字的随笔集问世了。让他始料未及的是，这部国外生活随笔的出版挺受欢迎，还有人把他的这本书放到互联网上讨论。他甚至作为专家被邀请到日本参加中日关系高级研讨会，并受到中国驻日本大使的宴请，日本驻中国大使也特意向他致

李培林（右）与本书作者余玮

函。他戏称这算是"客串演出吧"。

相对而言，社会学研究中数量分析的过程是非常枯燥和辛苦的。这不仅需要掌握大量的调查和统计数据，而且需要比较完善的假设以及正确的测算和证明的步骤。李培林说："有时你费神熬夜忙上一周，出来的测算结果却与你的假设相隔十万八千里。很多数据分析人员都有那种切身的体验，获得一个理想的模型分析结果，就像买彩票中了头奖那样喜悦。"但是，在社会科学领域，由于社会现象的复杂性，没有考虑到的相关变量和无法实现操作化的相关变量总是存在的，这样任何基于一定理论假设的模型和方程，都不是封闭的。这就意味着，社会科学领域任何的模型测算结果，都存在着无法消除的误差和解释上的较大弹性。

在自然科学领域，如果你依照规范的研究步骤获得的测算结果与常识相悖，那可能是你接触到新发现的边缘，但在社会科学领域，如果出现与常识相悖的数量分析结果，研究人员往往首先怀疑自己的变量选择和原始数据有问题，于是有的研究人员反复测算而得不到"理想"结果时，就采取一种"方便"的办法，根据主观判断人为地"校正"测算结果，使之符合经验的常识。"为了杜绝这种'校正'，最新的统计分析软件从程序上'锁定'某些关键性的数据，让研究人员无法擅自变通，其目的是维护研究领域的职业道德。"李培林说，职业道德的"锁定"，只能依赖于研究人员的自律，怎能靠电脑软件守住学术贞操？君不闻"道高一尺，魔高一丈"的警句？"如果连学术的职业道德也要电脑软件来约束，学术也就难逃贬值的厄运了。"

前人曾把学术的最高境界概括为"蓦然回首，那人却在灯火阑珊处"。但李培林笑言，要具有"蓦然回首"的功夫和机遇，必须耐得住"独上高楼"的寂寞，并有"终不悔"的执着和"众里寻他千百度"的傻气垫底。其实，他就是这样一位孤独而无悔的学者。

社会学作为一门系统研究社会关系、社会结构和社会变迁的学科，有着独特的学科优势，大有作为。这些年来，李培林深入研究我国现代化建设和社会变迁中的新趋势、新问题、新特点，提出了许多有价值的学术和政策研究成果，对党和政府的决策产生了积极的作用。

从 20 世纪 90 年代初提出社会转型以及经济与社会协调发展的观念，到现在"构建和谐社会"成为一个主流名词，李培林最大的感受是："我很振奋，社会学界也很振奋。这说明中国的经济发展和巨大的社会变迁对社会发展理论提出了新的需求。现实要求我们认真分析当前社会结构变化的特征，对新的形势和需要着力解决的问题有一个清醒的判断。"

温铁军

用双脚为农民兄弟代言

WEN TIEJUN

大国小康

温铁军，著名经济学家、中国研究"三农"问题专家，2003 CCTV 中国经济年度人物，有"温三农"之称。祖籍河北昌黎，1951 年 5 月出生于北京，1983 年毕业于中国人民大学新闻系。先后在农业部农村经济研究中心、中央军委总政治部研究室、中央农村政策研究室、国务院农村发展研究中心、全国农村改革试验区办公室等单位或部门工作过；曾任中国经济体制改革研究会副秘书长、研究员，中国经济体制改革杂志社总编辑，中国人民大学农业与农村发展学院院长，晏阳初乡村建设学院理事长兼院长等。

———

他，一个低调的知识分子，只用双脚做学问。他说：没有农民，谁能活在天地间？

温铁军，著名经济学家、中国研究"三农"问题专家，"中国农村改革之父"杜润生的得意门生。杜润生曾多次向中央建言，主张农村实行家庭承包责任制，并从1982年到1986年连续参与主持起草了五个著名的中央"一号文件"。对于家庭承包责任制与中央"一号文件"，温铁军自然是权威的发言者之一。早在1987年，他就大胆提出，中国没有单一的农业经济问题，应该研究农业、农村和农民这"三农问题"。那次采访，"高谈阔论"的温铁军不堪忍受屡屡打进来的电话，索性拔掉电话，一心一意接受专访……

"一号文件"破题头号问题

1978年小岗村首创家庭联产承包责任制，打响了实施改革开放的第一枪。40多年来，发端于农村的改革开放给中国带来了巨大的变化。但如今"三农"问题成为中国社会最主要的问题之一。

1982年、1983年、1984年，这三年的中央"一号文件"都是关于家庭联产承包责任制。从某种意义上讲，家庭联产承包责任制也是开中国整个改革开放制度改革之先河。

温铁军说，其实，中国历朝历代几千年的农业基本形式就是家庭的经营。"这种家庭经营形式不仅在中国，恐怕在亚洲地区也是一种主要的农业经营形式。所以，家庭联产承包责任制我们不妨简单地说就是家庭经营，或者叫作家庭承包经营，但基本上是一种小农以家庭为单位的农业生产的形式。五千年的中国农业文明，主要是以农民家庭生产、家庭经营为形式的。1955年刚刚开始进入合作社的时候，浙江地区的一个年轻的县委副书记在农村蹲点时就发现了老百姓实际上搞的是家庭承包经营，即以合作社为形式，是集体经济，但是农民在具体生产过程中，1955年的时候就有以家庭为单位的承包经营。为什么到1982年以后，1982、1983、1984这三个文件相对来讲都以肯定或者推进家庭承包经营这样一种形式为文件的主要内容呢？是因为我们在整个20世纪50年代到70年代末，所走的路是中国特色工业化的初期阶段，工业化的初期阶段得从农业提取积累。为了完成国家工业化的初期阶段，就得原始积累，我们组建了一套集体化的制度。这套集体化的制度主要是服务于国家工业化的。这一点已经在改革这么多年之后越来越清楚地被国内外的理论界认同了，那就是说中国是用了集体化的方式来为这个国家的工业化完成了一个原始积累的过程。也就是说，你要想从一个典型的农民国家进入工业化国家，就得有一个建立工业的过程。这就要建立某种形式，把农村大量劳动力集中起来投放到国家基本建设上，这样就节省了资本。"

温铁军结合个人的经历说："我们插队的时候都知道一个道理，国家占的多，比如种的麦子，今年收成好一点麦子多产一点，我能不能多分一点？不能，国家早就'三定'，给你定死，我们一人分80斤麦子，除了你分的80斤麦子，其余国家拿走。这个制度本身就是从农村多拿的制度，给你留下维持生活的基本口粮，我们当时分配的时候叫人七劳三比例先决，先给人分70%，剩下30%按劳动力分。这种情况当然不可能调动劳动力的积极性，我这种壮劳力，拿最高分都吃不饱，当时确实有吃不饱的问题。大家都大包干，同时也意味着你要那一块，我给你，剩下你别管，全自己干了。这当然会让农民有生产积极性，而原来那块不管你打多少全都国家拿走，只给你留80斤，那样你就没有积极性。一方面看到家庭联产承包责任制这个制度本身让农民分户经营了，这是基本经营形式的改变，还有分配方式的改变。国家就定下来我拿这么多，当时叫交够国家留足集体，剩下都是自己的，这一条分配方式的改变也起了很大作用。现在大家简单认为大包干起了制度贡献作用，导致增产，这是一个方面，分配方式改变也是一个方面，同时国家大幅度提高收购价格，使农民多打能够增收，这也是重要方面。"

"从1982年到1986年，中央连续出台了五个'一号文件'。这些文件当时有效地调动了农民积极性，并且使农民连续7年收入增加。"1987年后，很长一段时间没有涉农的"一号文件"出台，这并不意味着农业被边缘化了。2004年中央又开始连续出台涉农"一号文件"。"相隔18年，再出台针对农业的'一号文件'，表明中央不仅把'三农'问题作为重中之重，而且开始以文件形式落实了。"

从内容上看，2004年出台的"一号文件"和20世纪80年代出台

温铁军 ｜ 用双脚为农民兄弟代言

温铁军用"脚"与农民交朋友

的五个"一号文件"有相似的地方，比如都强调了乡镇企业的发展、农业结构调整，以及农村经济结构调整等内容。不过，温铁军认为，此次出台的文件体现出三大政策调整。第一，文件清晰地说明农民增收的重点和难点在于种粮农民。1997年以来，我国粮价连续几年走低，甚至出现了粮食的投入比产出还大的情况。温铁军认为，此次中央"一号文件"强调，以政策保证种粮农民的收入，是结合现实提出的。而关于农民增收问题，文件除了一般强调千方百计增加农民收入，还突出强调让传统农业地区的种粮农民得到实惠。第二，强调全国范围内停止征收农业特产税；5年内，农业税收每年减少一个百分点。"这是中央在农村的税费改革上做出的重大调整。"温铁军说，文件中，政府出钱支持农村的类似决策还有一些，比如给种粮农民以直接补贴，给粮食生产区以财政支持等。第三，是在农村金融体制改革上留下了很大空间。温铁军说，这主要表现在允许多种不同形式符合农户需求的金融创新。除了提倡外资、民间资本进入农村金融领域，更重要的是，允许社区范围内农民组成互助、合作的金融体系。

　　高度重视并认真解决农业、农村和农民问题，是中央领导集体一以贯之的战略思想。为什么"三农"问题长期占据重要的位置？温铁军分析说："1999年中央在给'十五计划'提出指导意见的时候就提出以人为本。如果说以人为本是前提的话，就应该是以农民为本，因为中国人口中数量最多的还是农民。'三农'问题当以农民为首，然后才是农业和农村。我做国际比较研究时就发现，'三农'问题是一个发展中国家普遍存在的问题，特别是人口超过一个亿的发展中国家，只有中国是一个完成了工业化的发展中国家，在完成工业化之后，可以对农业、农村、农民的投入增加很多，改善'三农'的基本状况。其他人口过亿的发展中国家都没有完成工业化，有的地方甚至连进入工业化都没可能，他们的'三农'问题更加严重。因此，中国发展战略中的一个核心思想，就是在2005年前后国家开始强调新农村建设的时候提出的一个重要的指导思想，叫'两个阶段'和'两个反哺'。改革开放以前我们是工业化的初级阶段，那时是农业支援工业，农村支援城市，到了工业化中期阶段，这时就应该城市反哺农村，工业反哺农业。我们现在有了这个条件，在'两个反哺'的指导思想下，我们可以向'三农'倾斜性地投入了，这次的'一号文件'中这种倾斜尤其明显。"

回顾近十年来的中央"一号文件"，2011年至2013年的主题分别是水利、农业科技、新型农业经营体系，而从2014年起，则连续三年将"农业现代化"写入文件标题，意义深远。2018年"一号文件"聚焦"乡村振兴"。2019年"一号文件"提出坚持农业农村优先发展。这份文件共分8个部分，包括：聚力精准施策，决战决胜脱贫攻坚；夯实农业基础，保障重要农产品有效供给；扎实推进乡村建设，加快补齐农村人居环境和公共服务短板；发展壮大乡村产业，拓宽农民增收渠道；全面深化农村改革，激发乡村发展活力；完善乡村治理机制，保持农村社会和谐稳定；发挥农村党支部战斗堡垒作用，全面加强农村基层组织建设；加强党对"三农"工作的领导，落实农业农村优先发展总方针。可以注意到，2019年'一号文件'强调：牢固树立农业农村优先发展政策导向，优先考虑"三农"干部配备，把优秀干部充实到"三农"战线，把精锐力量充实到基层一线；优先满足"三农"发展要素配置，坚决破除妨碍城乡要素自由流动、平等交换的体制机制壁垒，推动资源要素向农村流动。温铁军说："脱贫之所以放在'一号文件'中，因为农业是回报率很低，甚至是负收益的产业，所以农业的要素被配置到工商业或其他经济领域是必然的。在本次'一号文件'的表述中，强调了一定要让要素回流。"他认为，"三农问题"产生的原因就是生产要素长期净流出农业，本次"一号文件"前所未有地强调，要让要素回流农业，回流农村。比如强调，金融必须用于农村，用于农业，支持返乡创业和中小微企业，等等。

2020年"一号文件"从坚决打赢脱贫攻坚战、加快补上农村基础设施和公共服务短板、保障重要农产品有效供给和促进农民持续增收等5个方面提出明确要求、做出具体部署。温铁军认为这对做好2020年"三农"工作，确保脱贫攻坚圆满收官，确保农村同步全面建成小康社会，具有重要指导意义。农村实现全面小康，短板在基础设施和公共服务。这是农民群众反映最强烈的民生问题，也是城乡发展不平衡、农村发展不充分最直观的体现。只有对照"一号文件"提出的短板，围绕农村公共基础设施建设、农村供水、农村教育、农村社会保障、农村生态环境治理、农村公共文化服务等，逐项抓好落实，特别是要以疫情防控为抓手，加强乡村人居环境整治和公共卫生体系建设，加强农村基层医疗卫生服务，把短板补齐，把基础打牢，坚持从农村实际出发，尽力而为、量力而行，既不拔高也不降低标准，才能扎扎实实为推进乡村振兴战略打牢根基、注入动力。

"温三农"这样炼成

2004年元旦，著名经济学家吴敬琏在2003 CCTV中国经济年度人物颁奖会上动情地说："中国的农民很不容易，我常常觉得，9亿农民就像希腊神庙里的柱子，他们托起了大厦。而温铁军就是中国农民的代言人。"站在一旁的温铁军沉稳中透出几分腼腆，很诚挚地表白："我不敢称自己是农民的代言人，党才是。我只不过是做了一点调查而已。"吴敬琏说："农民很多，但是真正关注农民的人不是很多，替农民说话的人也不是很多。"

初中没毕业，温铁军就赶上了"文化大革命"。"'文化大革命'开始的时候，我才十五六岁，在人大学校的院子，见识了武斗，自己也被攻击过。现在我为什么求稳、怕激进？就是因为我年轻的时候经历过这些事情。"

接着就是上山下乡，那时候温铁军才十六七岁，被安排到山西汾阳插队。"上山下乡是上面安排的。下乡的时候，工宣队让我当知青队长，我当知青队长就强调按照上级的部署去做，可是另外一些带队的'插友'认为我这一套不行，当时就给我扣了一些比如'路线错误'的帽子。"温铁军说，有一次，带队进山搞副业，"想给大家搞点活钱，因为穷嘛。结果人还没有出发，那边的批斗会已经准备好了，批斗我走资本主义道路。批斗会正在进行的时候，当地的大队干部觉得那样不合适，就把我给保了。从那以后我就完全跟当地的农民们在一起了"。

有一年，温铁军回家探亲时碰到一个同学，这位同学问他："咱们一块当兵去，你去不去？"温铁军当时也没多想，就说："去呗。"就这样去了。温铁军这样回忆那段生活："当兵之后，也无非是做个好战士、学好技术之类的生活，反正就是做一个认真做事、老老实实听话的人。当完兵后又当了三年工人。我就这样在社会的底层滚爬，滚了一身泥巴，我不再是一个传统的读书人出身的小知识分子，至少，我懂得了农民，懂得了士兵、工人。"11年的工农兵经历形成了他从农村基层出发看问题的角度，也培养了对农民的感情。

1979年温铁军考入中国人民大学，学的是新闻，却最终选择了研究"三农"问题。也许是受新闻专业的熏陶，温铁军一向注重社会调查，注重"用事实说话"。毕业后不久，1985年他发起并组织了首批记者团，驾摩托车沿黄河考察8省40多个市县的社会经济发展状况。说到"温三农"这个绰号的由来，温铁军说："不太认同。这是舆论界的炒作。'三农'是千千万万从事农村调研工作者的总结，不是我的独创。说有什么情结有点太过了，只不过是我们这代人与共和国一同成长，这代人责任感比较强。"说完，温铁军感叹自己"得之于认真，失之于认真"。这种复杂的心理，一般人或许难以体会，但身为局内人的温铁军自有一番品味。

至今，温铁军难忘两位恩师在学术上给自己的影响，一位是自己的博士导师杜润生，一位是著名经济学家吴敬琏。"20世纪80年代，

温铁军（右）与本书作者余玮

我在杜润生老先生门下做农村调研。我私下有一个想法，不图别的，就图跟他学，图给他当一位研究生。如果你想跟他汇报什么问题，你可以推门而进，不用通过秘书汇报什么的。但是，他所问的东西，第一个涉及你这次调查是否到村到户，迫使你想跟他谈问题之前，一定要把基层弄清楚。他问你的问题一个接着一个，深入地问，问你调查的情况。"温铁军庆幸自己碰到了一位好导师，一生受之不尽。"杜老先生能博采众长，多方面的意见他都能听。除听老同志的意见，还特别注重听取年轻同志的意见，在各种政策讨论的场合总是不忘给从基层调研回来的年轻人交流的机会。"

温铁军说，自己是1985年调到中央农村政策研究室、国务院农村发展研究中心的，直到2000年去中国经济体制改革研究会任职，有15年是在杜润生指导下从事农村研究工作。"杜老不但兼容并包，更可贵的是其高屋建瓴的统帅气概。他历来注重宏观与微观结合，长远发展和现实问题结合，做有张有弛的战略布局和政策储备。20世纪80年代初期五个'一号文件'之所以有口皆碑，不仅因为发动了相当于第二次土改的'大包干'，解放了农民第一生产力，造成有全局意义的重大改革突破，更在于在'经济面临崩溃边缘'之际创造出农村经济超常规发展的奇迹。当人们都把农村改革归为'一包就灵'的时候，要求'包字进城'，推行国企的厂长经理承包责任制，同时还有奖金上不封顶政策，调动工人积极性，但并没有明显效果。城市利益结构复杂，大大滞后于农村改革，导致农村多元化的经济总体竞争力强于城市工业。中央农研室1986年提出农村改革不应该'一个文件一声号令全国齐步走'，而要'分区突破，分散风险'，随之主动停止了'一号文件'。1987年的农村工作文件按照时间顺序排为'五号'，其中就强调了'分区试验'的农村新政。这个制度创新可与20世纪初期的乡村建设试验做历史比较。当1984年家庭承包在全国推行之后，杜老就指出恢复高度分散的农户经济并不是农村改革的目的，还是要帮助农民组织起来。所以，他主张因时制宜、因地制宜地发展乡村合作社经济，不论是专业合作、信用合作，还是社区综合性的合作经济。"

1987年，中央政治局通过的"五号文件"确定要创办农村改革试验区的时候，杜润生对温铁军等人说："你们几个人干不成这个大事业，那就要去调动千千万万的知识分子和青年学生下乡，深入农民调查研究。如果你们真的能调动成千上万知识分子下乡跟农民结合，我们的事业就成功了。"温铁军说，杜老的这个要求，自己一直贯彻着，前几年动员了200多所高校的学生成立了支农社团，带动的下乡支农学生人数已经超过20万了。其中，几百个学生骨干都在农村基层蹲点超过一年。这样扎根乡村后培养出来的学生，毕业后有很多在当"新农民"，推进乡村创新。

说到吴敬琏，温铁军有一种特别的感恩心理："20世纪90年代初，一次我有机会跟他谈，谈了三四个小时，他一直默默无语地听，毫无架子，听得很认真，最后给了我非常短的点评，让我受益匪浅。除了农村问题，我对于宏观问题的思考得到了吴老的指点。"为此，每当温铁军在学术研究上有困惑时，他便主动向吴敬琏求教。也正是吴敬琏力主温铁军接手主办《中国改革》杂志。

　　为文不说民瘼苦，再作诗书也枉然。这些年来，咬准"三农"问题的温铁军走遍了大江南北的大部分农村，他细心地调查，认真地研究，然后把第一手材料写成文章。我们只要看一看他文章的题目，就知道他的研究成果为什么会令高层领导和国外学者这么关注。他写了《世纪之交的"三农"问题》《"三农"问题的认识误区》《当"三农"遭遇WTO》《半个世纪农村制度的变迁》……这位很少待在研究室里的"研究员"成果多多。这些论著有具体例证、有抽样调查、有确凿数据，因此具有振聋发聩的说服力。温铁军把心贴向百姓，把脚踏在大地。用他自己的话说，他的文章都是用腿"写"出来的。

　　随和、亲切，没学者架子，这是周围人对温铁军的印象。尽管多年从事农村政策调研，为政府出谋划策，部分观点被决策层采纳，影响了中国农业政策的走向，但作为一位比较典型的"政府经济学家"，温铁军不乐意说自己是中国高层的智囊人物，更愿意把自己说成是"一个农村问题的普通调研员或实验者。形成正确决策的唯一途径是广泛的调查研究，聚思广益，而不是少数几个人捏出来的"。在注重实际的调研中，他找到了一种做学问的好方法。不管是与高官脚踏红地毯交谈，还是和农民坐在田埂上闲侃，他都是那么笑容可掬。多年的农村研究给他留下的理念是："深入基层所得到的感性经验，比书本上那些精确漂亮的理论模型更能解决中国的'三农'问题。"他经历了一个从教科书式的专家到建言献策的参谋，再到躬身实践影响大众从而最终也影响到决策的公共知识分子的转型。

温铁军 | 用双脚为农民兄弟代言

温铁军（右）与本书作者吴志菲

是的，只有在基层沉下身子，才能获得对中国现实问题的深刻体悟。经过20多年田间地头的行走，温铁军对于中国农民的想法和处境有超乎寻常的理解。正是穿着大裤衩、骑着自行车寂寞地穿行在乡间小路上的多年农村调研经历，给了他今天纵论"三农"问题深厚的底蕴和自信。他那声疾呼"没有农民，谁能活在天地间"，给人醍醐灌顶般的警醒，他那发自肺腑的呐喊，唤起世人将视线重新投向其实一直张目可及的艰辛。

温铁军生活阅历丰富，长期关注民生，为民请愿。因为他肯为农民说话，求告无门而找温铁军解决问题的人很多。他们写信，递条子，或不远千里去北京找温铁军。这些问题不知道温铁军能解决多少，又解决了多少，这毕竟不是振臂一呼那么简单，后者只需要勇气和正义。

"用脚做学问"的温铁军，曾在密执安大学、康奈尔大学、南加州大学、哥伦比亚大学等著名学府做过访问学者，担任过世界银行、联合国、欧盟等多种国际和区域组织的课题主持人。他通读了大部分有影响的西方经济学经典著作，熟悉东西方各种流派的经济理论体系。他还先后到过30多个国家进行调研和交流，学会用世界的眼光看待中国的农业、农村和农民问题。但是，这位可以在国际最高学术论坛上用英语滔滔雄辩的知名学者，却从来不使用那些从国外舶来的时髦概念，不生搬硬套那些抽象玄虚的名词。他"喝洋墨水"为的是多为自己的研究补充营养，从这些参照系中汲取有用的东西。他的着力点依然放在中国的具体国情上，要用全人类的文明成果，做"中国特色"的文章。

庄稼人的春天正大步走来

与众多的专家、学者不一样，他们往往停留在学术研究的层面，从理论角度去推敲，其观点无懈可击；而温铁军更注重理论和严峻现实的结合，即措施是否符合实际，是否能真的解决实际问题。对于"三农"问题，温铁军有着深刻的认识，而且更多是从经济的角度来考虑农民的利益。

温铁军强调"三农"问题不是"农业、农村、农民"，应是"农民、农村、农业"问题，"三农"问题中更多的应该关注农民问题、关注农村发展问题，农业问题只是派生的，"农民在'三农'问题中是第一位的"。他说，"其实，这并不是我个人的独创。中国的问题根本上是农民问题，这是 20 世纪中国最伟大的两个人物孙中山和毛泽东的观点，因此是他们最先发现了中国革命和建设中农民问题的极端重要性。新民主主义革命之所以取得胜利的重要原因之一，也正是充分调动了农民的积极性。这一点众所周知。我今天这样讲的时候，只不过增加了一点解释：20 世纪的农民问题是土地问题，21 世纪的农民问题主要是就业问题。这是我个人在基层调查研究、向农民学习的体会。"

温铁军可能最早在 1987 年左右提出"三农"问题的研究思路。迄今，"三农"问题已经写入了党和政府的政策、文件，足以说明其影响力和洞察力。"中国其实没有纯粹意义上的农业的经济科学，没有单纯的农业问题，农业经济科学的一般理论对应地解决不了中国现在复杂的'三农'问题。"温铁军认为，对我国的"三农"问题起制约作用的矛盾主要是两个：一是基本国情矛盾即人地关系高度紧张，二是体制矛盾即城乡分割对立的二元社会经济结构。温铁军强调指出：从根本上讲，人地关系高度紧张是我国农业不发达、农民不富裕的根本原因。由于人地关系高度紧张，耕地承担的对农民人口的福利保障功能远远大于耕地的生产功能。在人地关系高度紧张这个内在的基本矛盾制约下，解决我国的"三农"问题，很大程度上要靠农村外部条件的改善，要让农民在耕地以外找到生存和发展的新空间。

工业化城镇化的目的是发展包括农民在内的广大人民群众的利益，如果以损害农民利益为代价，那就有违初衷。温铁军长吁一声后这样说：随着工业化城镇化进程不断加快，农村特别是城镇周围土地被征用的数量越来越多，导致一些地区数量不少的农户成为无土地、无职业、无收入的"三无"人员。要解决这一问题，除治理开发园区过多过滥、谨防"圈而不用"，还要确保征地费补偿合理，并严防中间克扣截留，决不能让农民吃亏。他强调，要把"转土地"与"转农民"结合起来。

几乎每年开春，都有大量的农民工拥向城市，撂下一亩三分地，来到一个陌生的地方，用自己的双手垦拓着城里的"责任田"。"民工经济"的崛起和"民工经济"的巨大潜力，使人们看到了解决"三农"问题的新希望。但是另一方面，他们的权益却得不到完全的保障，甚而被歧视、被排斥。温铁军说："面对这么多的农民，他们所反映的这么多复杂的问题，你应该去替他们做点事，尽中国一个普通知识分子的责任。"

"三农"问题，是中国经济绕不开的坎。春天来了，大自然的春暖花开应时而至，"三农"的春天画卷也在一个个"一号文件"的沐浴下展开……

吴仁宝

"天下第一村""忘本"的农民

WU RENBAO

大国小康

WU RENBAO

吴仁宝，1928年11月出生于江苏江阴，有"农民企业家""农民思想家"之称。历任村支书、乡长、县委书记和江苏省政协常委以及华西村党委书记、华西集团董事长等职。系中共十大、十一大、十七大代表，第六、七、八届全国人大代表。曾获"全国优秀共产党员""全国劳动模范""全国农业劳动模范""全国道德模范""中国首届扶贫十大状元""中国十大乡镇企业功勋""全国民族团结模范先进个人""全国乡镇企业十大新闻人物""中国农村新闻人物"等荣誉称号。

───

这里的中国农民最早成为工人、最早搬进别墅、最早拥有小汽车、最早拥有农民退休金、首创"村庄上市"先例、最早拥有了连城里人都羡慕的新生活……这里成为中国最负盛名的"中国首富村""天下第一村"。

这个只占国土面积千万分之一的农村，曾创造了占全国国内生产总值五百分之一的销售收入。有一位德国政要到这里参观后，啧啧称道："这座村庄的富裕，让我们亲眼见到了马克思早在100多年前所畅想的那种共产主义和社会主义的真正富裕。"

这座村庄就是改革开放以来迅速崛起的江苏省江阴市华西村。一个老人的名字与这座传奇的村庄紧紧相连，那就是华西村的老支书吴仁宝——他和他所领导的华西村被人们誉为中国农村改革开放的一面旗帜。

看到有人穷就心疼的村干部也曾放过"卫星"

"我是穷过来的，看到有人穷我就心疼，最大的心愿就是让穷人过好日子，这是我的原动力。"吴仁宝回忆说，华西村曾是个出了名的穷村。当年，村落破破烂烂，混垛墙、茅草房，泥路弯弯曲曲，田块七高八低……"高的像斗笠帽，低的像浴锅塘，半月不雨苗枯黄，一场大雨白茫茫。"

1928年11月17日夜晚，江南吴家基（现江苏省江阴市华士镇华西村）吴寿坤家的一间破草房里，伴随着一阵"哇、哇"的啼哭声，一个男婴降生了。妻子朱玉娥望着心爱的娇儿，对丈夫吴寿坤高兴地说："请爷爷给孩子起个名字吧！"孩子的爷爷吴发祥一边望着孙子，一边对儿子和儿媳妇意味深长地说："这孩子是福相，也许能招财进宝，过上好日子。为富要仁，就叫'仁宝'吧！"

"仁，仁者爱人！"伴随着吴仁宝从少年到了老年，"招财进宝"则与少年时代的他无缘。但父母亲良好的品格和美德，潜移默化地影响滋润着吴仁宝幼小的心灵。父亲吴寿坤，善良正直，乐于助人，有一手做鞋的好手艺，深受邻里尊敬。母亲朱玉娥，19岁就嫁到吴家。她端庄贤淑，乐善好施，性格直爽，自尊自强，勤劳要强。时至晚年，父母亲仍是吴仁宝心中的一面镜子。

吴仁宝祖辈们生活的这个小村庄，是一个典型的江南地区自然村落。村虽然小，但历史悠久，相传吴仁宝的祖辈在明代就来到了这里，开垦耕耘，繁衍生息，渐渐形成了一个小自然村。

也正是在这个小村里，被祖父寄寓着"为富要仁，招财进宝"的吴仁宝，若干年后，竟当起村干部、乡干部、县干部，创造出"天下第一村"的辉煌。

虽出生在江南沃土，可是在饥寒交迫的旧社会，吴仁宝饱经忧患和磨难，贫困生活让他有切肤之痛。中华人民共和国成立以后，吴仁宝与其他贫穷的农民一样有了土地，生活有了着落。满怀对党、对新中国的深厚感情，他坚信，共产党为天下百姓谋幸福，社会主义一定能够富华西。

1954年，吴仁宝当上了公社的财粮委员，成了人们羡慕的国家干部。这年10月，吴仁宝光荣加入了中国共产党，从那一刻起，他就立志要刨掉穷根栽富苗，让全村人都富裕起来。发展集体经济，改变华西的落后面貌，让村民过上好日子，成了吴仁宝人生奋斗的主旋律。

1957年国家干部精简，吴仁宝主动回到村里，从乡干部变成村干部，担任华墅乡第23高级社党支部书记。

当时正值"大跃进"年代，一些头脑发热的人都在"放卫星"。在公社召集的村干部报产量"放卫星"的会议上，各村的数字像竞放的气球，一路飙升，最低的也报到了亩产1万斤。

"吴仁宝同志，你们大队的稻子长势比别人家的好，你能报多少亩产？"轮到吴仁宝了，望着台上会议主席兴奋期望的目光，最后他狠狠心，鼓足气把6亩地的产量报在了1亩地上："3700斤。"

全场哗然。会议主席急红了脸："仁宝同志，你太保守，太保守。产量高低是政治问题，也是党性问题，你再考虑考虑。"会议主席显然对所报的数字不满意。吴仁宝打小在田野里打滚，他清楚每一块田到底能打多少粮出来。面对无数双咄咄逼人的眼睛，这回他不想再说违心话了："这样吧，等收割时，公社派人到我们大队监收，如果地里能多收1斤稻谷，我们全大队宁愿挨饿也要倒贴10斤指标卖给国家；可如果亩产每少收1斤，你们也得给我们如数补上啊！"

吴仁宝 | "天下第一村""忘本"的农民

吴仁宝是中国农民的杰出代表,他始终保持中国农民的质朴不变色

回到村里，吴仁宝挨个找生产小队长做检讨："我说了假话，我错了。我们内部可不能再说假话，内部假了，粮食都卖了，老百姓吃啥？"

很多年过去了，吴仁宝依然常常提起这段自己说假话的旧事。他说："从那以后，我对虚假的一套再也不相信了。干部说假话，受苦的是老百姓。要能坚持实事求是不说假话，就得心理上没有包袱，只有这样，你讲的话才能真正为老百姓负责，为党的事业负责！"

"忘本"的农民有过一次难言的大起落

贫苦出身的吴仁宝，对干部描绘的"楼上楼下，电灯电话"的幸福生活向往不已。他不止一次对村民们说："城里人的好日子，我们乡下人也要过；城里人有的，我们乡下人也要有！"

机会终于来了。1961年，华西大队正式组建，吴仁宝担任华西大队党支部书记。地少人多，光靠种田肯定不行。吴仁宝和大伙算了笔账，算出了一个道理：仅靠种植业，农民再出力流汗，也只能混个温饱。"无工不富"！20世纪60年代末，吴仁宝悄悄办了一个地下小工厂。

"当时可千万不能让外面知道，正是割资本主义尾巴的时候呢。"吴仁宝的大儿子吴协东告诉笔者，"田里红旗飘飘、喇叭声声，检查的同志走了，我们转身也进了工厂。"

为了保密，吴仁宝让人在工厂的四周筑起围墙，窗户蒙上厚布，对外守口如瓶。这个小五金厂隐姓埋名10年，为华西村创造了上百万元的利润，华西村由此完成了第一次资本原始积累。而此时的华西村村民也全部搬进了大队统一盖建的新瓦房，并且家家有存款。此前，华西村的帅小伙还难以找到感情的归宿，但从这时候起，外村姑娘嫁到华西村，甚至小伙子倒插门来华西的风潮一直延续至今……

"华西村穷怕了，也穷够了，"吴仁宝解释当年的动机，"要富裕起来，光靠种地能行吗？"他因此感慨："当年有位领导发现了，痛骂我一顿，说你是农民搞什么工业？这是忘本！"尝到甜头的吴仁宝明白，发展是硬道理。

20世纪70年代初，原本贫穷落后的华西村，初步建成了土地成片、瓦房成排、在全国第一个实现亩产吨粮的社会主义新农村。

吴仁宝在村里提出"多插一棵秧，多种一亩地，向毛主席献忠心"。结果，东边的村子读语录、跳忠字舞，人声鼎沸，生产却连连下降；西边的华西村奋战田野，生产猛涨。全国许多到东边村学习的农民都被吸引到华西村来了，他们在这里学到了种田人的"真经"。

20世纪80年代初，中国农村开始经历一场新的重大变革，以安徽凤阳小岗村18户农民签下"分田到户"的秘密契约为引子，1982年中央"一号文件"为标志，"分田到户、包产到户的承包责任制"迅速在各地推开。面对这场全国性的改革，以集体经济壮大起家的华西村怎么办？吴仁宝清醒地认识到，华西村每人只有半亩地，集体经济已经十分壮大，农民的日子一天比一天好，为什么一定要分呢？华西村没有分，它实事求是地坚持了自己的路子。20年之后，它以雄

郭凤莲（左）、吴仁宝及申纪兰在第五届全国"村长"论坛上

厚的集体经济为后盾，使这一方土地上的人跻身中国最富裕的农民之列。吴仁宝告诉记者："实事求是，并不是不听中央的。我不搞分田到户，就是吃透了中央精神，中央文件是讲两点，叫'宜统则统，宜分则分'，我们华西是'宜统'，所以我们就没有分，那是听中央的，与中央保持一致的结果。"

外界人一提起吴仁宝，只知道他是华西村的党支部书记（后任党委书记）。其实吴仁宝还当过乡领导、县领导，只是他在当乡领导、县领导时从没有丢过华西村党支部书记这个职务。吴仁宝一生中最大的官职，是他在1975年4月至1981年4月出任江阴县县委书记一职。

"不行不行，我是一个农民，文化水平低，怎么能抓得了一个县的工作嘛？"在上级领导告诉吴仁宝已经决定让他出任县委书记时，吴仁宝再三真诚地推辞。"我们认为行。你事业心强，魄力大，干劲足。再说你也兼任多年县委副书记，在负责一方面工作中抓得很好，组织上考察的结果是，大家都觉得你能挑起新的担子。"领导说。

组织决定，没辙儿。于是吴仁宝就从村支书，一跃成为专职县委书记兼华西村支书。之后的岁月里，吴仁宝以抓华西村的干劲和经验，坚持从实际出发和抱着让百姓过上好日子的心愿，废寝忘食地工作。他在复出的邓小平向全党提出"全面整顿"的精神鼓舞下，以真抓实干的工作作风，上任县委书记的第一年就提出要把江阴"一年建成大寨县"，并用他特有的形象语言把几项奋斗目标编成一首诗："七十万亩田成方，六万山地换新装，五业发展六畜旺，社会人人喜洋洋。"从1975年至1980年吴仁宝任县委书记的5年里，江阴县的工农业生产总值翻了一番多。

1980年5月中旬的一天，江阴县直机关召开党员大会选举出席即将召开的中共江阴县第五届代表大会的代表时，发生了一件在中共江阴县委和江苏省党史上十分罕见和令人震惊的事：身为江阴县委书记和中共江苏省省委委员、业绩卓然的全国老典型吴仁宝，竟然落选了！

县委书记落选县党代会代表，更何况这个县委书记此时还是党的全国十一大代表呢！这是吴仁宝一生从未有过的一次"大落"——在他入党二十多年、职位最高、为党的事业干得最火热的时候出现这样的情况，刚毅的吴仁宝真是欲哭无泪……

无奈中的上级组织考虑到这种局面，决定调吴仁宝任苏州地委农工部负责人，但吴仁宝请求道："我来自华西，还是回华西。我是党员，一生唯一的愿望就是为百姓多干点实事，坐机关不太适合我。"面对一位不计名利的老共产党员的诚恳请求，组织上最后答应了他。于是，1981年4月，吴仁宝从县委书记的"宝座"上又回到华西村当起了农民。

"攀远亲""搞联营""借他力""寻远航"……从田园到工厂，中国农民追求了数千年的路程，吴仁宝欲一步跨越。三年后，吴仁宝像变戏法似的让华西村的田野里矗立起一座座既绿化又环保的大型工厂，这里成为苏南农村土地上的第一个工业园区。时至1988年，华西村的经济呈现出以第二产业为主体，一、三产业为两翼的多元化格局，年产值超过预期，达1.01亿元。

晚年，吴仁宝笑着说："我是农民，忘本的农民。我搞工业了。什么叫农民，种粮食吃的叫农民，不种粮食了，这不是农民了，搞工业、商业了。刚改革开放时，有位领导提醒我，你是农业的先进，你是农民出身，现在搞工业了，你忘本了。我笑着说，我想彻底忘本。我不怕忘本，我还要保留的是农民的一种本色，要实事求是，要讲真话，这是农民的本色。"

跻身江苏省政协常委的他留恋村支书一职

1992年3月2日凌晨。钟声已"当、当"地敲过了两下，躺在床上的吴仁宝辗转反侧，难以入眠。连日来，经济热潮的气息一直熏烤着他，催动着他运筹帷幄，决战市场，精神一直处于亢奋之中。他一骨碌坐起，抓起床头的电话说："总机吗？请你通知党委委员、正副村主任、各厂厂长，凌晨3点钟到南院宾馆403会议室参加紧急会议。"

3点整，华西村的各位大将已经各就各位。吴仁宝声若洪钟："根据我多年的经验和最近搜集到的信息分析，中国改革的总设计师邓小平讲话了，经济加速发展的浪潮已经到来。机遇的动态性很强，稍纵即逝，早抓和晚抓不一样。因为含金量头重尾轻，面对机遇，我们要尽快制定战略目标，拿出战术措施。当前，压倒一切的中心任务就是'借钱吃足'，钱借得越多越好，原材料吃进得越多越好！同时，再把股份制大张旗鼓地搞起来，大量吸收个人资金入股。现在就行动！"

于是，短短半个月内，在吴仁宝的率领下，华西村从干部到群众，从厂长到供销员，有钱的出钱，有力的出力，有门路的找门路，八仙过海，各显其能，人人忙得像脚踏风火轮。借款 2000 多万元，吸收个人资金入股 400 多万元，加上自有流动资金，一下子购进近万吨钢坯、1000 吨铝锭、700 吨电解铜等原材料。

当华西人使尽浑身解数、"吃饱喝足"原材料时，一些人还蒙在鼓里。因为这时，邓小平视察南方重要谈话还没有传达到基层。3 月 11 日，邓小平视察南方重要谈话正式传达后，立刻在全国掀起了一个加快改革、经济大上的热潮。随之而来的是原材料价格迅速上扬。这时有人向吴仁宝建议，把购进的原料卖出，大赚一笔。这样做，也合理合法，无可非议。可吴仁宝笑而不答。他把原材料用于企业的正常生产，保证客户的需求，维护了华西企业的信誉。

当别人还在学习领会邓小平南方谈话精神时，华西已经在经济发展的大潮中一路飞奔。有人事后算了一笔账，那个凌晨召开的紧急会议，让华西村赚了一个亿！

富裕的华西村引来了越来越多的参观旅游者，吴仁宝又看到了新的经济增长点。他将农民要翻新的住宅改成"农家宾馆"，盖起了当时全国最高的金塔，塔内集购物、餐饮、住宿、娱乐、商务于一体，还可登上塔顶，鸟瞰华西全貌，远眺田野农庄。从此，华西村的一个重要经济支柱——以旅游为主体的农村第三产业诞生了。

1995 年 6 月下旬，吴仁宝带着村党委副书记一行，千里迢迢，到宁夏、甘肃等地考察。他进村入户，细细询问农民的收入和生活情况。西北乡亲们的贫苦窘境，紧紧揪住了他的心。他提出的在宁夏建立"华西村"的想法得到了当地领导的大力支持。经过5年多努力，宁夏华西村迁入近800户，新建住房200多间，开发荒地6000余亩，呈现一派兴旺景象。宁夏回族自治区党委称赞吴仁宝的这一做法是我国扶贫史上的一个创举。此后，吴仁宝又在黑龙江省肇东市五站镇建立了"黑龙江华西村"，经过3年的努力，从原先人均收入不足千元提高到4000多元。黑龙江省委副书记目睹了华西人带领这里的村民开荒翻地、勤劳致富的动人情景，忍不住连声赞叹："好一个华西精神！"

1997年12月30日，江苏省人大选举九届全国人大代表时，候选人吴仁宝以71票之差落选。对他的落选，说什么的都有。但吴仁宝仍心静如水地带着华西人不断发展。他说："我与华西人打交道最多，他们最了解我，华西人民信任我，我非常看重这一点。"尽管这次落选有些意外，但他得到了各级党组织的关心，仍然安排为江苏省政协常委。

1999年8月10日，这个日子对华西村来说具有历史意义，也令9亿中国农民感到自豪——代码为"000936"的"中国农村第一股"华西村股票在深圳证券交易所成功上市：首发3500万股，挂牌价8.3元，当日收盘时涨至21元！

2002年，吴仁宝投入12亿元，在河北唐山兴建年产量120万吨的"北钢"，成为华西村新的经济增长点。

"能正能副"的"废物利用"

华西村规定：凡村办企业的工人，每人每月只领取 50% 的工资，其余 50% 存在企业作为流动资金，到年底一次兑现。奖金通常是工资的 3 倍，80% 作为股份投入企业，第二年开始按股分红。

华西村民要用钱就向村里打个报告，需要多少取多少。平常的生活不缺钱，有大病村里都包了；米面菜油、各种副食村里发的吃不了，每人每年还有 3000 元餐券在村里的大饭店免费吃饭。另外，男到 60 岁，女到 55 岁，每月都可以拿到养老金。

作为华西村的老当家人，吴仁宝没有专门的办公室。他办事仍然保留着当年搞农业的习惯：到现场解决问题。他说，实事求是，首先要搞清楚事实。到现场去，是搞清楚事实的最有效手段，他深入现场的劲头比年轻人还高。

在全村人都早已住上第四、第五代别墅后，吴仁宝却仍然不肯搬出 20 世纪 70 年代建的旧房子。房间墙壁已多处剥落，家具老旧，唯有主人与众多国家领导人及各界人士合影的满墙照片显示出这幢老房子的主人不同寻常。华西镇人民政府曾奖励给吴仁宝个人 5000 万元，他笑笑："我要那么多钱干吗？不要，还是留给村里，留给老百姓。"于是，他分文不留地给了集体。

吴仁宝共有 4 子 1 女，女儿吴凤英年龄居中。早年，吴仁宝曾经为他的子女们指定职业说，"大儿子协东做木匠，二儿子协德做泥瓦匠，女儿学裁缝"。理由是："有这几门手艺，家里可以自己盖房子、缝衣服，吃穿住都不愁。"但他万万没有想到，自己居然能把一个穷村庄搞成那么大的一个产业，而且自己的孩子们有机会参与其中。

吴仁宝几十年如一日保持共产党人吃苦在前、享受在后的优秀品格，追求"人民利益的最大值，自己享受的最小值"。华西村由穷变富了，作为掌管几十亿家底的华西第一代"掌门人"，吴仁宝公私分明，廉洁自律，严格要求家属子女是出了名的。子女有过错，他照样批评，决不护短。在华西金塔南大门前，树立着一块巨幅标语："家有黄金数吨，一天也只能吃三顿；豪华房子独占鳌头，一人也只占一个床位。"时刻提醒警示自己和教育村民。村民告诉笔者：老书记生活十分简朴，滴酒不沾。作为华西村致富带头人，吴仁宝却一直拿着低于村办企业管理干部的工资。凭他的能力和知名度，吴家祖孙4代数十人完全可以"深圳上海，漂洋过海"。然而，他没有这样做，而是让全家人留在华西村当农民，共同建设华西、服务华西。吴仁宝以无声的行动，生动诠释着立党为公、执政为民的理念。

2003年7月5日上午，华西村召开第六届村党代会，进行无记名投票选举，吴协恩以100%得票率当选村党委书记。同样全票当选的，还有党委副书记吴协东、吴协德、吴凤英等人。在两年半前的党代会上，吴仁宝同样是以全票当选村党委书记，这次他零票。吴仁宝把当了40多年的华西村"一把手"的岗位留给了年轻人，自己则退居华西村总办主任和集团公司副总经理的"二把手"位置，而小儿子吴协恩出任华西集团董事长、总经理一职。

大 国 小 康

吴仁宝与老伴在一起

随后不久,在华西村的一次新闻发布会上,一位记者抛出了"敏感话题":为什么您退下来后,接班人恰恰是您的小儿子吴协恩?全场静寂。这的确是公众关注的热点问题,大家倾听吴仁宝如何作答。吴仁宝的回答有理有据:"华西培养接班人是培养群体,不培养个人。谁都可以当接班人,但其中有一个标准,他要有三个力:组织能力、发展能力、控制能力。"吴仁宝历数了吴协恩办企业、搞"黑龙江华西村"等业绩,"所以他全票当选"。2003年吴协恩上任后,华西村的销售收入大幅度增加,当年收入突破100亿,2004年销售收入达到260亿,2005年突破300亿。吴仁宝毫不讳言对儿子的称赞,听者频频点头。

"华西31个正副书记,其中,有5个是我的子女。当书记,他们是通过数十年的工作证明了自己,是群众公认的,上级党委对这些同志信得过。现在社会上的舆论称我吴仁宝搞家族制,子女全是'官'。但在华西的历史上有过6任主办会计,我们一家没有谁担任过主办会计。华西的账从1961年开始的,都可以翻出来查。可以这么说,我这个家族,都是为了老百姓,不是为个人牟私利的。"吴仁宝坦言,"要求老百姓做到的,我一家首先做到,要求老百姓不做的,我一家首先不做。如果都像我吴仁宝一家,这样的家庭制还是多搞一些好。如果像我一家这样的多一点,中国会更好。为什么这样说呢?我家这5个书记,现在解决了3万人就业,有的人还比我们富。这也反映了社会上还有一种旧观念,也就是平均主义。改革开放前的那一套思想还在脑子里。所以,我不在乎人家讲,而且不是哪个讲了,我就改变。如果哪个讲了，我就改变了，那就改变了我的意志，也就改变了华西走的这条路。"

很多年以前，吴仁宝给自己立过的"三不"规矩：不拿全村的最高工资、不住全村的最好房子、不拿全村的最高奖金。2004年，按照承包责任书所规定的，他的二儿子个人效益奖金达近亿元，但吴仁宝的二儿子最后只拿了一个零头，几千万元奖金全部归到了集体。有人做过不完全的统计，仅吴仁宝一家，在2000年之后近5年中，光他们应得的个人效益奖金归给了集体的数额达3亿元之多！吴仁宝说："人活着为什么？人死后留下什么？一个人活着，需要钱，但不能仅为了钱，应为国家、为人民多作贡献。一个人死了，死即了了，但了的是物质的东西，精神形象不会了，多留一点好的精神、好的形象给子孙后代，比留给子孙财产更重要。"

生前接受采访时，吴仁宝曾坦陈："我现在退了，不是退得太早，而是太晚，我实际干了48年'一把手'。我过去的'不退'和现在的'退'，都是为了华西的进。像我这次退居二线，可以说是退一步，进两步。而且，可以更好地、全身心地为大华西万名百姓造福。我是有一条，不管是做乡干部，还是县领导，我华西村的官也是不肯放。我舍不得放，因为我同老百姓有感情。干到80岁的确是我讲过的。我现在退下来，可以这样说，是要当个副手。有句话叫'能正能副'，我也要体会体会。一般来说，正的做了就不好做副的，可是我要做副的，这也是干部任用的一个创新。同时，我也可以再真心实意地扶持新班子5年，使华西实现一代胜一代、一代强一代、一代精一代！"

几十年过去了，华西村已拥有钢铁、纺织、旅游等多个优势产业群，2012年年销售额达500多亿元，真正成了"天下第一村"。"华西村40多年的发展，我是这样总结的：60年代打基础，70年代小发展，80年代中发展，90年代快发展，21世纪新发展。正因为发展了，60年代老百姓是温饱，70年代是吃好，80年代是小康有余，90年代是中康，21世纪是大康！"

吴仁宝退了，但他的本色没"退"。"每个人身上都有才，但要看才用在啥地方。养猪内行，是才；种田内行，是才；经营内行，更是才。会养猪的人不能叫他养马，否则就不叫人尽其才。同一个人，你用其所长，他就事无不举，是人才；你用其所短，他就笨手笨脚，把事情搞糟，变成蠢材。用人不当，就会浪费人才，而人才的浪费是最大的浪费。华西的经济发展快，干部水平跟不上，大才小才有才的年轻人统统用起来，还是不够用。我是废物利用，废物利用也有用，总比废而不用要好，只要华西人选我，需要我，我就可以干。"吴仁宝的话闪耀着他的人格魅力，也是华西持续发展、长盛不衰、红旗不倒的源泉和动力。

高举"共同富裕"旗帜

与吴仁宝同时代的农村先进典型不少，但像吴仁宝这样几十年来红旗越扛越高、越扛越艳者不多，有的昙花一现，很快迷失方向甚至走向反面，为何吴仁宝的红旗不倒？"吴仁宝现象"成为人们颇感兴趣的话题。对此，2005年12月，时任江苏省委书记李源潮给出了答案：一是他始终全心全意地为老百姓谋利益，二是他始终自觉地走在发展进步的前列。

"华西的天是共产党的天，华西的地是社会主义的地。华西人民艰苦奋斗，团结奋进，锦绣'三化三园'社会主义的新华西；华西的天是共产党的天，华西的地是社会主义的地。华西人民艰苦奋斗，团结奋进，实践检验华西，社会主义定能富华西……"这首华西村村歌套用"解放区的天是明朗的天"的歌词，朴实无华。当这首由吴仁宝填词、华西村村民们齐声在中央人民广播电台合唱的村歌播出后，无数老共产党人、新共产党员激动得流泪不止。他们说："这样振奋人心、催人奋进的歌已经好几年没听到了！"一度，以苏联为代表的一些社会主义国家纷纷改换颜色，中国国内外嘲讽和怀疑社会主义的阴风也吹得玄乎。吴仁宝带领华西人高唱这样一首"社会主义"赞歌，是需要很大勇气的。而当时还有一个特殊背景：随着农村改革的不断深化和市场经济的风起云涌，曾经缔造了新中国农村经济发展神话的苏南乡镇企业在此时又面临困境，似乎谁言"集体经济"谁就是"改革倒退派"。吴仁宝没管这一套，他对共产主义和中国特色的社会主义信仰忠贞不渝。而正是他的这份不可动摇的信仰，才让华西人敢理直气壮高唱"华西的天是共产党的天，华西的地是社会主义的地"这等豪迈诗篇。

什么叫社会主义？什么叫共产主义？对此，吴仁宝说出了自己的

"土标准"："什么叫社会主义？一句话，人民幸福就是社会主义。100个人里面有98个人幸福，就是社会主义。剩下的那两个人是自己不要幸福，没办法。什么叫共产主义？全人类幸福就是共产主义。作为一个人，既要有富裕的生活、健康的身体，还要有愉快的精神状态。华西幸福的三条土标准是：生活富裕，精神愉快，身体健康。这三条一条也不能缺。什么叫生活富裕？楼上铺地毯，楼下铺地砖，吃水用开关（自来水），雨天村里走路不打伞。什么叫精神愉快？家庭和睦，邻里相亲，干群团结，上下齐心。什么叫身体健康？日常增加营养，年老集体保养，孩子精心培养，业余文体形式多样。"

在吴仁宝看来，社会主义不是空洞的口号，而是实实在在可触可及可用的东西，是让人民真正幸福。"华西人的幸福观概括起来就是'五子'，即票子、房子、车子、孩子、面子。现在，这'五子'华西人都有了，家家住别墅，小的400多平方米，大的600多平方米；家家开小汽车，少的1辆，多的3辆；家家有存款，少的100万元，多的上千万元。村里的大学生、研究生和博士生越来越多，华西人获得的各种成绩和奖励也使'天下第一村'的美称更加名副其实。"

吴仁宝反复对记者强调：华西村的发展并非一帆风顺，而应对挑战的根本法宝只有四个字：实事求是！作为基层干部，吴仁宝对实事求是的理解很朴素，叫作"吃透两头""两头一致"。吴仁宝的所谓"吃透两头"，指的是吃透党和国家的大政方针政策，吃透本地工作实际。"两头一致"，则是一头与中央保持一致，一头与老百姓保持一致。因此，不管政治风云如何变幻、国家方针政策怎样调整，他与华西村都能够启动自己的"响应机制"，一次次避开风险，抓住发展机遇，实现超前发展、科学发展。

1999年9月，是中韩友谊观光之月。吴仁宝被邀请出席在韩国济州道举办的"世纪庆典活动"。韩国总理金钟泌听说中国著名企业家、中国农民代表人物吴仁宝来到了韩国，非常想接见他。但是，由于金钟泌的工作日程已排到了9月12日，为此韩国方面要求在13日接见吴仁宝。吴仁宝听到这一消息后，首先表示感谢，但是他因有事必须按计划于13日中午回国。韩国方面马上把这个消息向总理汇报，当天晚上宴会中途，韩国总理办公室传来消息，总理决定更改时间，在9月10日接见吴仁宝，这样就把原定的接见时间提前了3天。随后，金钟泌在韩国政府办公大楼总理办公室亲切接见了吴仁宝。金钟泌对吴仁宝带领华西人坚持走共同富裕道路的做法表示充分肯定，连声说："了不起！不简单！"

"个人富了不算富，集体富了才算富；一村富了不算富，全国富了才算富。"面对记者的提问，吴仁宝阐述了他的共同富裕观。吴仁宝说，华西村实行按需分配和按劳分配相结合的社会主义分配模式，使贫穷了数千年的中国农民过上了富裕幸福的社会主义生活。村民实行基本生活资料按需分配，不用出门也衣食不愁，除每月正常的工资外，年底还按照个人业绩进行按劳分配，同时按股进行分红，少的每家有十几万元，多的可达几百万元。

华西旁边有个前进村，1988年华西成了"亿元村"，前进村到年底却连干部的工资都发不出来,还倒欠村民6万元。那一天,外面雨雪交加,村委办公室里一屋子干部长吁短叹。就在这时吴仁宝推门走进来,拿出10万元现金:"先把欠村民的债还了,再把年过了。"所有的人都落泪了,没等道出感激的话,吴仁宝又说:"我们华西出500万元,帮你们建一个厂,赔了是华西的,赚了是你们前进的,怎么样?干不干?"就这样,前进村第二年建成一座化工厂,当年赢利50多万元,3年后利税达到500多万元。

像前进村这样得到过华西帮助的村子有很多。渐渐地吴仁宝发现,这些村的好日子并没有持续发展,这让他对帮扶问题有了新的思考。常言"船小好掉头",但在全球经济大市场的背景下,已是"大船才能抗风浪"。于是一个吸纳周边村子建立"一分五统"大华西的设想在他的脑海里逐步形成。

所谓"一分五统",即:村企分开,并入华西的村子仍由本村村民自治选举村委会;由华西集团在经济上统一管理,干部统一使用,劳动力统一安排,福利统一发放,村建统一规划。吴仁宝说,华西村走的是共同富裕的道路,自己富了不能忘记左邻右舍。

2001年6月,按照各村自愿和"一分五统"的方式,华西合并了周边的16个村庄,总面积由0.96平方公里扩大到30多平方公里,人口由1500多人扩大到30400多人,不仅合并了村,还合并了心。"'五统'后,实现了基本生活包,老残有依靠,优教不忘小,生活环境好,三守促勤劳,小康步步高。"

走进大华西,人们看到的完全是一派社会主义新农村的壮观景象,这里有"工业区""生态农业区""生活区""休闲娱乐区""旅游风景区"……

农民不仅要"口袋富",还要"脑袋富"。吴仁宝生前曾说,口袋不富就别提脑袋富,口袋富是脑袋富的基础。而脑袋富了,口袋才能永远地富,口袋和脑袋一齐富,中国农民才能在社会主义的道路上不断朝着"小康""中康"和"大康"的目标步步登高。

20世纪90年代,华西村成立了独一无二的"精神文明开发公司",吴仁宝亲自编写了"村歌""十富赞歌""十穷戒词",在全村开展"六爱"(爱党爱国爱华西,爱亲爱友爱自己)教育,尤其强调"孝悌之道",全村尊老爱幼蔚然成风;90年代末,他创建了华西特色艺术团,被党和国家领导人称为"中国农村第一团",后来观看华西特色艺术团的演出已成为人们的一道精神大餐。同时,他根据不同时期华西经济社会发展的需要,先后在村里竖立了"八仙过海""三请诸葛亮""牛郎织女""孔子像"等雕塑,用优秀传统文化教育村民。华西村里有书场、球场、溜冰场,有歌厅、舞厅、影剧院,各种文化娱乐设施配套齐全,村民的业余文化生活丰富多彩。长期以来,吴仁宝运用"精神文明开发公司""华西特色艺术团""华西之路展廊"等宣传教育载体,对全村干部群众进行"个人成长史、家庭变迁史、村厂发展史"和"富而思源、富而思进"等教育,使华西村人清醒认识到,华西之所以有今天的发展,源头在于党的领导好,党的方针政策好。也使华西人明白"思源"是为了更好地"思进",全村上下始终保持勤于开拓、勇于创新、不甘守旧、奋发进取的精神状态。

吴仁宝非常关心外地来华西工作的人，不准称他们"打工仔""打工妹"。他说，到华西工作就是华西人。外来员工在政治上、经济上与华西人享受同等的权利，表现好的入团入党。在工资待遇上做到"三个不低于"（不低于全民所有制企业、不低于大集体企业、不低于同行企业）。逢年过节或有大活动，外来务工人员与华西村村民共进庆祝宴，同饮庆功酒。

几十年来，吴仁宝养成了一个习惯，每天早晨，认真收听中央人民广播电台的新闻和报纸摘要节目；每天晚上，收看中央电视台的新闻联播节目。平时稍有空隙，他就要拿起报刊仔细推敲和研究，从中吸收营养，增长知识。"退下来后，看到老百姓非常富裕、新班子非常成功，加上我自己身体比较好，现在我是幸福上加幸福。"吴仁宝退居二线以来，仍然退而不休。他说："干部没有终身制，但为人民服务要终身制。"晚年，他每天照样忙碌着，学习着，雄心勃勃地规划自己的目标，为华西村的美好未来继续操心……

2013年3月18日，这位当代农村干部的杰出代表因病在华西村家中去世。打造"天下第一村"的老书记走了，村民们在他的遗像前痛哭哀悼……

2018年12月18日，党中央、国务院授予吴仁宝"改革先锋"称号，颁授改革先锋勋章。2019年9月，吴仁宝被授予"最美奋斗者"称号。

周宝生

一个人和一个村庄的传奇

ZHOU BAOSHENG

大国小康

ZHOU BAOSHENG

　　周宝生，农民实业家、民办教育家。1953年9月出生于湖北嘉鱼，1971年8月参加工作。曾任湖北省嘉鱼县官桥八组组长，田野集团股份有限公司党委书记、董事长，现为武汉东湖学院董事长。系中共十六大、十七大代表，第七、八、九、十、十一、十二届全国人大代表，全国劳动模范、全国优秀共产党员、全国优秀企业家。

一块只有3.8平方公里的小山沟，打造出应用于"神舟"飞船上的尖端产品，创建了中国博士后高科技工业园，造就了胜似桃花源的一片梦想之地。

一座只有五六十户、二百多人的村民小组级别的村落，2017年就创造了人均近500万元资产的奇迹，联合国官员实地考察后，竖起大拇指赞叹："这里同美国的农村相比毫不逊色！"中央和湖北省委的领导同志曾多次视察，称赞说，在这里看到了中国农村的希望、中国农民的希望、中国田野的希望！

一个中国最小的"官"，取得了法学硕士学位和研究员职称，成为国家特殊人才，40多年来一次次走进庄严的人民大会堂建言、议国是，多次受到党和国家领导人的接见。

这块神奇的土地——湖北省嘉鱼县官桥村八组，今天成了新农村建设的旗帜；周宝生这位"神州第一组"的"领头雁"，这位中国新农村建设的探索者成为当代中国农民的榜样。这个村庄与这个普通又不平凡的村民小组组长之间有着怎样的传奇呢？

春风拂面：小山村成为一方富土、净土与乐土

通往官桥八组的道路平坦宽阔，两侧的建筑掩映在观赏树和草坪

中。一排排农家小楼依次摆开，错落有致，白瓷砖贴墙、红瓦铺顶，整齐亮丽，"农民文化中心"功能齐全，森林公园郁郁葱葱，"中国博士后田野高科技工业园"生产忙而有序，在鸟儿的阵阵叫声中，人们感受到了和谐、宁静、甜美。在蓝天白云的映衬下，一派社会主义新农村的景象展现在眼前。

笔者随机走进一幢农家小楼，只见书房、客厅、健身房、浴室一应俱全，还有大屏幕电视、组合音响、电脑、真皮沙发，等等。院里，盆栽的植物多得让人数不过来，整整齐齐地摆在台阶两旁，四处都干干净净。某些经济学家所设置的小康指数在这里似乎超标准实现了。

对笔者的突然造访，主人一点儿也不觉得唐突，毕竟来这里访问的人实在太多了。主人说："我们这里家家都这样，哪一家一年里不接待个十拨八拨的。我们白天出门根本不用锁门，这里从来没有丢三少四的事情。"

采访期间，笔者注意到，八组村民养成了天黑后、天亮前，将自家的垃圾用塑料袋包装好，送到指定地点的好习惯。连城里人都没有完全办到的事情，在这里变成了现实。

全面建成小康社会，关键在农村，难点也在农村。一天，外地一位村支书到官桥八组参观学习，一直认为农村工作难做的他在参观中感触很大，问周宝生："你当这么多年村民小组组长、党委书记，就没叫过难吗？"周宝生坦诚地说："组长这个职务，绝对是个不起眼的职务，但要当好却不那么容易。我也遇到过不少困难，我没公开叫难。谁都知道现在农村工作难做，但谁叫你是党员呢？没有困难，还要我们这些党员干什么？"他举了好些例子，把这位外来取经者的心说得热了起来。

在八组的地盘上，包括田间地头、房前屋后，见不到猪、鸡、鸭、鹅。路边每隔不远就摆放着一个精致的垃圾桶，桶里是村民自己拎来的袋装生活垃圾。路上不见烟头、纸屑。停在八组的自行车，没一辆上锁。人们出门，常常连门都懒得关。这里无摸牌赌博、无违法犯罪、无封建迷信、无不良风气……来到官桥八组，你能真切地感受到"乡风文明，村容整洁"。

当年，好日子刚刚起步那会儿，村民都是"黄牛角、水牛角，各顾各"。摸牌赌博、小偷小摸、打架骂人、虐待老人、垃圾满地的现象也常见。旧习惯、旧观念及各种歪风邪气的存在，与快速发展的物质文明极不协调，也与周宝生心中的新农村优美的画卷对不上号。常言道，正人先正己。为了禁赌，周宝生曾气冲冲地赶到弟弟家中，掀翻了弟媳的麻将桌。最后，身为组长的周宝生认识到文明程度要高，最根本的一条是要靠制度。

《明史》中说："劝民成俗，使民迁善远罪，乃治之大者。"从1982年开始，八组根据国家有关法律法规和上级关于精神文明建设的相关要求，通过村民代表大会、员工代表大会等程序，陆续制定了一系列组规民约。诸如：猪、鸡、鸭、鹅必须圈养，放出一次，处以罚款；禁止摸牌赌博，一经发现，予以罚款；违法犯罪的，移交司法机关处理；老人去世，不准土葬；等等。近年来，八组建立的规章制度

周宝生 | 一个人和一个村庄的传奇

官桥村八组（局部）

已延伸到生产、生活、经营、学习、管理、勤政廉洁等各个方面，形成了一套完整的制度体系。

20多年前，八组招待所的一台彩电不翼而飞。周宝生到派出所报了案，派出所查了一段时间，仍然没有找到彩电的下落。组里有人劝周宝生算了，一台彩电不过2000块钱，如果继续查下去可能会得不偿失。周宝生却认为，社会治安问题容不得半点松懈，必须一查到底。在周宝生的支持下，公安机关最终破了案。

这就是周宝生，是个法治上的明白人，在经常组织群众学习党纪国法的同时，不放过任何一个依法治组、教育村民的机会。他依法办事，既使周边村组手脚不干净的人得到了教育和应有的处罚，又给八组的群众上了一堂生动的法制课。虽说这次破案所花的经费远远超过一台彩电的价值，但它换来的却是八组"夜不闭户，路不拾遗"的纯朴民风——这些都是无法用金钱来衡量的！

有一次，田野集团临时从武汉请来了3名技术人员，他们知道在八组不准打牌是铁的纪律，于是晚上悄悄溜到组外打麻将赌博，被派出所逮住了。他们打电话给周宝生，求他出面说情，周宝生没有答应。事后，周宝生说："当时我心里也很矛盾，人家是我请来的技术人员，如果照章处罚，撕破了脸面，就不大可能继续在八组待下去，会给我们带来一定的经济损失。但是，如果宽容一次，八组好不容易开创出来的一方净土就会受到损毁。抓精神文明建设守土有责，要理直气壮。我们决不能以牺牲精神文明为代价来换取经济的一时发展。"接受采访时，周宝生说："制度不是为了束缚人，而是为了体现诚信、秩序、公平、正义，最大限度地解放人。一个有合理制度保障的官桥八组、田野集团，才是一个真正和谐的社会单元。"

今天的官桥八组创造了经济发展的奇迹，不同于河南的南街村、江苏的华西村、广西的南岭村，这只是一个村民小组范围内取得了经济发展的突出成就，可谓独一无二，这得益于周宝生提倡走高科技的路子，不像其他农村大多走的是资源加工型路子。如今，周宝生拿出抓经济的劲头来抓精神文明建设，群众看到了好处，都齐心来做。不健康、不文明的行为被禁止了，还必须代之以文明健康的活动。正如李翱《李文公集》所言："善为政者莫大于理人，理人者莫大于既富之又教之。"

健康的文化活动不开展，低俗的东西必然乘虚而入。周宝生注重抓精神文明建设，抓得早，抓得狠。他说："野蛮和文明只隔一层窗户纸，就看干部怎么做。""治愚必先治盲"，"没有落后的群众，只有落后的工作"。由于制度制定得细而严，执行坚决，村民渐渐养成了习惯，自觉行动，也不觉得苛刻了。周宝生的成功之处在于，善于调动干部群众的积极性，善于把美好的规划变成群众的行动。

开展精神文明建设离不开文化阵地建设。基于这一认识，早在1989年，周宝生就高起点设计建起了农民文化中心。这些年来，八组的卡拉OK比赛、篮球比赛、逢年过节的歌咏大会、文艺晚会搞得热热闹闹、有声有色。八组常年开办农民夜校、农民训练班，开展科技文化知识竞赛。在周宝生看来，文化活动具有娱乐身心、移风易俗、沟通人际关系、提高人的文明素养的特殊功能。这些功能是上经济类项目所不能代替的。他说,"富了口袋、穷了脑袋"的农民不是新农民,只有把农村文化搞红火,才能使社会主义新农村建设中"乡风文明"的目标得以实现。

学文化、学技术、学法律、学管理、学时事政治,在官桥八组蔚然成风。周宝生率先垂范,身体力行。这些年来,面对市场经济的挑战,原来只有高中文化程度的周宝生没有放松自己的学习。他顽强自学,完成了研究生文化课程,取得了法学硕士学位与研究员职称;他注重把理论与实践相结合,刻苦钻研,获取了市场经济新知,成为高级经济师,成为国家级的工程技术专家。

一提农民,有人往往就将其与自私、狭隘、保守联系在一起。在官桥八组,村民素养高,有文化、有知识、懂经济、会技术,有发展眼光。"好多年了,组里没罚过一分钱。上下班之余,清理、侍弄草坪,已成为我们八组人的行为习惯。"一位村民这样讲。

每天早晨6点25分,村庄上空号声嘹亮。原来,官桥八组村民不是"日出而作,日落而息",而是"号吹而作、号吹而息"——起床吹号,上班听号,下班同样是听号。初来乍到的人,还以为这偏远的地方是一座军营。其实,这里的居民很难分清农民与城市职工的身份。

中国农村有一个怪现象,每逢春节过后,农村一些青壮年劳力纷纷离乡,踏上了进城务工经商的征程,村里剩下的基本都是老弱病残和妇女儿童,也就是所谓的"386199部队(指妇女、儿童、老人)"。而在官桥八组,没有见到人们所说的"空心村",相反外地的一些高素质人才纷纷设法在这里创业。周宝生说，建设新农村，必须坚持"以人为本"的科学发展观。人是生产力中最活跃的因素，农村青壮年是建设新农村的生力军和主体力量，建设新农村离不开他们。他认为，"空心村"问题是一个应该引起各级政府高度重视的社会问题，是构建和谐社会必须正视的"新矛盾"。

"仓廪实则知礼节，衣食足则知荣辱。"《管子·牧民》中这样说。而今，文明之风绿田野。连年来，官桥八组被评为"湖北省最佳文明单位""湖北省农村文化建设先进单位"，还被评为"全国精神文明建设先进单位""全国村镇建设文明村庄""全国三五法制宣传教育先进单位""全国体育工作先进单位"。联合国官员来到八组，看到这里乡风文明，村容整洁，一路竖着大拇指。

敢为人先：集体的家底越来越厚

1978年以前，嘉鱼县官桥八队的农民从早忙到晚，就是摆脱不掉一个字"穷"。那时生产小队里人均年收入不足50元。每年青黄不接的日子要吃国家的返销粮，家家住的是土砖房。

"吃糠粑，穿破袄，栽稻秧，收谷草……""住的是土砖房，吃的是返销粮，一天工值九分钱，上山打柴换油盐。"当年，官桥八队流传着这样的顺口溜。队长换了一个又一个，工作组来了一茬又一茬，就是解不开一个穷疙瘩。一位村民对我们回忆说："以前，我们这些种田的，一年四季起早贪黑地在田里干活，活没少干，苦没少吃，但总是搞不饱肚子，甚至家里用的油盐，都得靠偷偷摸摸到山上砍点柴来换。家里养的两只老母鸡，也巴不得每天在鸡屁股抠两个蛋来补贴家用。"

在嘉鱼县化肥厂工作的周宝生，人在城里，心在村里，对生产队的现状十分不满。他曾建议当生产队队长的父亲改变吃大锅饭的做法，却被父亲顶了回来。父亲说："你没当这个家，知道有多难？换了你，能干成我这样就不错了。"周宝生的拧劲儿上来了，他说："我就不信我干不好。只要乡亲们信得过，第一年我就让大家吃饱饭。"

这年春节前夕，化肥厂里一名工人家中有事，上班迟到了。车间主任生气地说："再这样，就罚你回农村去！"这句话深深刺痛了周宝生的心。

1979年，26岁的周宝生毅然放弃了令人羡慕的"铁饭碗"，尽管父亲一再劝说："伢，好歹在城里工作一个月有36斤粮，可以吃饱肚子哩！"倔强的周宝生说："我就不信农村永远穷！"凭着这种不服输、不甘平庸的劲头，周宝生被选为官桥八队队长，现场掌声阵阵。周宝生激动地说："生产队长算不上什么官，但我知道，职务意味着责任，掌声意味着期望。我决不辜负父老乡亲们的期望，我就不信农民干不出大事，农村没有出路！"

上任伊始，周宝生就立下了"要让农村变个样，要让八队人过上好日子"的坚定信念和人生目标。他不想走父辈们的老路，上任没几天，看到安徽凤阳联产承包的报道，便在地方率先提出把田地按好坏分类定产，承包给各家各户经营。驻队干部对他的搞法不理解，怕担风险、犯错误，责令他将田地收回："谁叫你这么干的？简直是无法无天！"

血气方刚的周宝生理直气壮地回应驻队干部："十一届三中全会不是号召我们实事求是么？联产承包经营有利于我们农民增产增收，人家安徽在搞，我们为什么搞不得？"他顶住来自各方面的舆论压力，最终把田地分到各户，并掷地有声地说："交足公粮，其余都是自己的。"

吃够了大锅饭苦头的人们，迸发出多年积蓄的能量，生产热情空前高涨，当年的粮食产量达到35万斤，比历史上的最好年份足足多出了10万多斤。乡亲们个个笑逐颜开，他们终于可以一日三餐吃白米饭了。抚今追昔，周宝生说："要发展，没有一点敢为人先、敢闯敢干的精神是不行的。"

粮食生产的连年丰收并没有使周宝生感到满足。1981年，周宝生这位出了名的"周大胆"又一次力排众议，拿着一份农民可以经商的红头文件，带着一帮农民"洗脚上田"，在官桥镇上租了3间房子，开办了小卖部、熟食店和冰棒厂，一年下来，净赚7000元。乡亲们第一次看到大把的票子，都喜出望外，指望着商店、冰棒厂有更大的发展。这时，周宝生又做出一个惊人的决定：店不开了，回去开矿、办厂。

生产小队里的群众一时想不通，有的人当面指责周宝生是在"瞎闹""歪掰"，说他是"五马换六羊，生意做不长"。

周宝生连续几次召开群众大会，对大伙说："官桥镇地方小，销量有限，加上我们开店后其他小店跟着来了，像这样'五马共槽'，才真正是生意做不长哩。我们村的狗头山下有煤炭，不如趁早转舵，回去开矿。"

在不被群众理解的情况下，周宝生四处跑批复，办执照。文件下来后，又挨家挨户组织劳力挖煤。他拿出家中仅有的6000元积蓄，在村民代表会上敞开心窝子："煤要挖，厂要办，赚了钱是公家的，赔了本算我私人的。"一席朴实的话，坚定了大伙发展工副业的信心。开煤窑的日子，他带头下煤井，一次井架倒下，险些丢命。他连续在砖瓦厂工地奋战120多个日日夜夜，使20多个门的轮窑仅4个月就建成了，当年投产，当年受益。

办煤矿不仅为八队群众带来了200多万元的收入，还为生产小队积累了100多万元的资本。此后，周宝生一鼓作气，趁势而上，率领八队群众用"滚雪球"的办法陆续办起了铸造厂、钉丝厂、手套厂、家具厂、沙发厂、金属结构厂等10多家工业企业，每年利润都在100万元以上。

有胆有识：泥腿子盘起了高科技

生产小队的家底越来越厚。到1985年，村民过上了楼上楼下的日子。这时候，生产小队里的人思想出现两种倾向：一是分光生产小队里的家业，各干各的；一是小富即安，怕再上新的项目赔老本。周宝生想，这是必须面对的分配与积累的关系问题。财富是大家共同创造的，只有理性地处理分配与积累的关系，才能把握八队的前途和命运。周宝生采取的办法是，适当提高村民生活水平，使八队人均收入略高于附近生产小队的收入水平，然后将大量的积累用于发展和扩大再生产。

乡镇企业不景气的原因很多，很重要的一条就是不注意资金积累。而周宝生恰恰绕过了这个暗礁。周宝生用发展工业积累的资金推动高效农业和生态农业发展，先后投资200多万元，修塘堰，建泵站，开沟挖渠，将230亩望天收的农田改造成了稳产高产的良田，并建成了1400亩杉树基地、250亩茶园基地，获得了很好的经济效益、生态效益和社会效益。山上的活木积蓄量达4万立方米，成为八队用之不尽、取之不竭的"绿色银行"。

通过市场上多年的摸爬滚打，周宝生敏锐地意识到，吃资源饭，办资源型企业，终究不是长远之计，八队要长富久富，必须找到新的突破口。他在群众大会上提出了自己想引进项目和技术的意见。乡亲们说："宝生说的我们信，宝生定的我们干。"

1993年，湖北一家牧业设备公司在官桥八组（即原生产小队八队）安家落户。这是官桥八组引进的第一家企业。周宝生和乡亲们企盼着这只"金凤凰"生出"金蛋"来。然而，现实却给八组人当头泼了一瓢冷水：由于牧业设备公司提供的是淘汰设备，生产出来的产品技术含量低，没有销路，八组不仅没有赚到一分钱，反而交了一笔"学费"。

面对失败，周宝生没有退缩。他深信通过"引进来"谋求进一步发展的思路没有错，农村经济要飞跃发展，就必须实现由传统产业到高新技术产业的跨越。于是，一个更为大胆的设想在周宝生心里形成了——向科技含量高、附加值高、市场覆盖面大、经济效益好的高新技术产业进军。

乡亲们拿不定主意："泥腿子也可以盘高科技？"周宝生坚定地说："事在人为。条件可以创造，人才技术可以引进。"

这年3月，武汉冶金研究所高级工程师刘业胜受一位朋友之邀来到官桥八组。此前刘业胜一心想让自己的技术——永磁合金——产业化，却一再受阻。通过一段时间的接触，这位技术专家被官桥八组良好的环境、纯朴的风气和周宝生的敬业精神折服，他深有感触地对周宝生说："八组是一个干事业的地方。"周宝生听后，觉得话中有话，便问："您的想法变成现实，得投多少钱？"刘业胜感叹地说："五六十万吧。""一百万怎么样？"周宝生的话让刘业胜眼睛一亮，周宝生接着说："如果您不嫌弃，就到这里来吧，要人给人，要钱给钱，您想怎么干，我都配合，当后勤部长。"

三天后，辞掉"铁饭碗"，刘业胜来到八组落户。他拿出多年积攒下来的两万积蓄作风险抵押金。周宝生说："老刘，风险金不要了。你从大城市来到小山村，就是信得过我们，信任比金钱重要。"于是，八组挂起了"长江合金厂"的牌子。

三个半月后，永磁合金投放市场，当年就完成200万的产值，获得50万的利润。后来，永磁合金被授予"国家科技成果一等奖""'99中国国际农业博览会金奖"等称号，国家计委认定其为"国

周宝生 | 一个人和一个村庄的传奇

周宝生与武汉东湖学院学生座谈

家高技术产业化推进项目",产品广泛应用于军工民用,而且还远销德国、瑞士等国家和地区。用该产品制作的精密仪器,还用到了"神舟二号"飞船上。

合金厂办成了,群众乐开了怀。周宝生却没有陶醉在成功的喜悦中,他心里装的是沉甸甸的责任感和使命感。第二年,他又来了一个大手笔:推平一座荒山,盖起了4万平方米的厂房,建成了"高科技工业园"。

周宝生的胆子越来越大,文章越做越大。国家要加强基础设施建设,"二纵二横""五纵七横",这些国道主干线无不跨江过河,必然要兴建大量斜拉桥、悬索桥。商机不可错过,上缆索厂!

当时,国内生产缆索仅有十几年的历史。为了论证这个项目的可行性,周宝生与有关部门的同志远赴上海进行考察,累了就在车上打个盹,饿了就在路边小店扒几口饭。

如今,这个组办企业在激烈的市场竞争中站稳了脚跟,成为我国缆索生产行业的佼佼者。它生产的"田野"牌桥用缆索被国家经贸委列为"国家重点技术创新项目",被科技部列为"国家重点新产品",在市场上大受欢迎,已被采用于武汉白沙洲长江大桥、荆州长江大桥、军山长江大桥和缅甸玛哈邦多拉大桥等多座国内外大桥。小组长创造了大奇迹!

周宝生开拓创业的劲头更足了。他带领一班人又接连办起了田野焊丝厂等多家"高、精、尖"企业,组建了集科研、开发、生产、经营于一体的企业集团——湖北田野集团公司,将官桥八组打造成国内颇有分量的磁性材料、焊接材料、重型钎具、桥用缆索、新特药产品生产与科研基地。

脚踏实地：走出了"一阔就变"的怪圈

身高一米八，腰围一米零几，周宝生身材魁梧，伟岸挺拔。诚然，周宝生的生理特性只是一种表象。熟悉他的人都知道，他最令人钦佩的还是敢于向困难挑战，敢于担担子，敢于开拓进取。这才是周宝生强悍且过人之处。这个农民的儿子只是一名小小的"组官"，却挟着时代的雄风在村口起步，成为中国新农村建设的积极探索者。

官桥八组仓廪足、民风淳，周宝生的名声也越来越大。他有了一串闪光的"头衔"：湖北省十佳村党组织书记，湖北省十大杰出公民，全国劳动模范，全国优秀乡镇企业家，全国优秀共产党员，第七、八、九、十、十一、十二届全国人大代表，党的十六大、十七大代表，等等。尽管他头上有一长串耀眼的光环，周宝生仍愿意做一个地地道道的农民。

周宝生"出名"不"慕名"。上面来的领导不止一次地问他，要不要挪一挪位置。他总是笑着摇摇头："感谢领导的关心，我能当好这个组长就不错了。另外，当这个组长，并不妨碍我实现自己的理想和追求。比如雷锋，我看他就不一定适合当什么军长、师长。把名利看淡点，事业就旺点；把名利看重了，事业就没了。"周宝生有他的主张，新农村这幅画还没有画完，正画到精彩的地方，他不能停下。

他说:"我的事业在农村,在我的家乡。这里的村民离不开我,我也离不开他们。领导大家共同致富,过上和谐康乐的生活,是我的理想和责任。"

1995年,官桥八组推掉了一座荒山,建起了高标准厂房和一排排专家别墅。当时,周宝生也承受着不少风言风语。有人说,他这是在摆阔气、出风头,是"钱多了,没地方花"。事实证明,周宝生舍得花钱"筑巢引凤",又是一招妙棋。

作为湖北田野集团公司的老总,周宝生应该算是"发财"了,不过他是让集体发财,让村民发财。不少人说,凭周宝生这样的才干,如果他一门心思干自己的,嘉鱼县肯定会多出一个千万富翁。但周宝生没有那样做。他"发财"不"慕财",仍然过着和八组群众一样的生活。

在有的人眼里,一个拥有数十亿资产的集团公司老总一定会财大气粗,出手阔绰。然而,周宝生俭朴、廉洁、正直的美德一直没变,他时刻提醒自己:党组织培养了我,我应该知道肩上的责任有多重。凡经常与周宝生打交道的人都有一个同感,今天的周宝生仍是过去那个艰苦朴素的周宝生。他每次到武汉出差,办完事后再晚也要赶回来,一是怕耽误工作,二是为节省费用。到北京参加全国人代会期间,他的一位好友请他吃饭,要了一瓶高档酒。周宝生硬是不准开瓶,趁那位朋友上洗手间时,他悄悄地到服务台换了一瓶廉价的普通白酒。好友不理解。周宝生说:"我们都不是讲究吃喝的人,没有必要把钱浪费在吃喝上。"

官桥八组的制度很严格，令行禁止，说到底是当家人周宝生率先做出了榜样。几十年来，周宝生曾面临不少考验和诱惑，但他坚持一个标准——"自己的利益可损，八组群众的利益不可损！自己的利益可丢，共产党员的形象不能丢！"

科技园区基建工程发包时，两个包工头提着烟酒来到周宝生家里。周宝生一脸不高兴，对他们说："凡拿东西来的，一律免谈。"包工头以为周宝生是嫌东西少了，随即掏出早已准备好的红包说："一点小意思。"周宝生严肃地讲："歪门邪道在我这里行不通，你们凭实力竞争，我有我做人的准则！"两个包工头不好意思地走了。通过公开竞标，这两个包工头还是拿到了这项工程。完工后，他们说："老周这个人太抠、太正统了。我们虽然没有赚到多少钱，但人格却得到了尊重。"

在官桥八组，如果按劳分配，周宝生的工资收入应该是最高的。可实际上他每月领取的只是公司员工的平均工资，与专家的收入相差很大。各级组织发给他的奖金，他也全部交给了组里。1997年，周宝生的儿子考上大学。公司的几位老总闻讯后，凑了2000多元钱到他家里去祝贺，受到了热情接待，但所有礼金却被退回。

周宝生对自己的事情不在意，但对组里每一天发生的事情都十分留心，对群众的疾苦更是关怀备至。为了帮助组里一位残疾人就业，周宝生亲自落实资金，送他读书学医，待他学成归来，又安排他到医务室工作⋯⋯

谈起周宝生，大家都掩饰不住对这位领头人的敬重和钦佩。在他们心中，周宝生是主心骨，是顶梁柱。今天，官桥八组有了新的顺口溜："党员带领咱，企业办得欢，口袋有了钱，生活甜又甜。"

作为八组兴办的田野集团的董事长，周宝生负责上亿元资金的运作，为大伙儿的事他花钱很大方，对自己却抠得很，在他身上看不到半点骄奢之气。企业员工多次提出给他增发奖金、加工资，都被他拒绝了。出差在外，他极少光顾风景名胜区。集团的党员自觉向他看齐，在各自的岗位上争当表率，树起了一面面鲜艳的旗帜。

早些年，有个别曾经与周宝生患难与共、一起奋斗的人离开了八组集体，办起了私营企业，一下子"发"了。可周宝生不眼红，不动心，始终把自己的利益与八组群众的利益捆在一起，领着群众一起干，为群众的共同富裕梦而操劳。"说实话，我也有较好的致富条件，可以让自己先富起来，但我想，共产党员应该有自己的追求，应该把个人的财富看淡一点，把群众的利益看重一点。群众信任的目光和幸福的笑脸，就是对我的最好奖赏。"周宝生如此袒露心迹。从官桥八组最普通、最弱势的残障农民的幸福生活中，我们便深刻地读懂了周宝生的幸福经。

周宝生不同于传统上吃苦耐劳、勤俭朴素的普通农民，他超越千百年来中国农民固有的意识和习惯，他始终能够引领时代，原因在于他思想上的先进性：用思想的先进指导行动的先进。而且周宝生很善于总结思想成果，常常用富有农民特色、朗朗上口的语言概括起来。

作为"典型"的周宝生不是一个简单的"能人"。在采访中，记者越挖越觉得周宝生的思想深不可测。官桥八组人，不论是干部还是百姓，不论是年轻人还是年岁大的，没一个不感叹：在思想的敏锐、超前上赶不上周宝生。

有人不免要问，官桥八组远离繁华的城镇，没有区位优势，没有特殊资源，发展经济的客观条件不算优越，为什么这个小山村并没有落在生产力发展的后边？周宝生说得好："这些年来，我们党委一班人始终没有忘记对先进生产力的追求，因而能够做到没有人才引进人才，没有技术找到技术，没有产品创造产品，没有条件千方百计补上条件。我个人没有多大本事，但我始终坚持一点，依靠大家的智慧和力量。"这就是官桥八组敢叫农村换新天的"秘密武器"。为了改变落后的面貌，周宝生就是这样带着群众不断去运用和发展先进生产力，牢牢盯住高科技，瞄准和谐发展，让官桥八组走上了一条充满活力的可持续发展之路。

探究周宝生事业成功的轨迹，我们发现，周宝生身上有一种罕有的素质，那就是，先人一步、多走一步的勇气和胆识。在人们都向往"铁饭碗"的时候，周宝生辞去了城里的"正式工作"，坚信农村也有出路；在农村都吃"大锅饭"的时候，周宝生带头推行联产承包责任制；在农民仍习惯于"土里刨食"的时候，周宝生带领村民办店建厂，发展乡镇企业；在许多人认识到要办企业的时候，敢于"吃螃蟹"的周宝生又率领八组人办起了高科技企业；令人意想不到的是，近年来，八组还创建了武汉东湖学院，默默创造着农民办高校的神话！

大 国 小 康

周宝生（左）在十二届全国人大三次会议期间（余玮 摄）

当年，周宝生指挥推土机轰隆隆地开进小山村，要把荒山和低产田推平时，不理解的村民们议论纷纷："这是毁祖宗的龙脉啊！""毁地植树，这里明目张胆地破坏以粮为纲！"周宝生在村民大会上说："社员们，我们都是盘泥巴的人，哪块地适合种西瓜，哪块地只能种芝麻，大伙心里还不清楚吗？打不出粮食的地，种上树、种茶叶，因地制宜，既固了水土，又不劳民伤财，一举多得呀！庄稼认土不认人哪！"如今，生态农业、绿色农业产出喜人，走上了良性发展的道路。

前有绿树摇曳、绿草铺地，后有森林公园环抱，户户过着殷实而富足、文明而幽雅的生活。当年落后的小村庄，渐渐变成了集现代工业、农业和教育、旅游业多元发展于一体的田野集团。在采访中，笔者深切地感受到，官桥八组发展潜力巨大，后劲十足。八组群众说："作为八组人是幸运的，最大的幸运是我们有一个一心让大家过上城里人一样生活的好当家！"

如果说周宝生当年带领大家实现了解决温饱、创业积累和高科技兴业"三级跳"的话，那么，今天他正带领大家为创建和谐生态村落而努力着。在他眼里，和谐不只体现在人与自然、人与人、人与社会层面上，更应体现在事业发展深层次的软环境上；生态也不只是自然上的生态，更是小康生活建设中的社会生态、精神生态。

"当今时代，竞争激烈，生产力发展像逆水行舟，不进则退。因此，我们要立即动手筹划新一轮发展规则，并迅速实施。我要把官桥八组建得更好，总有一天，人们会说，要让城里人过上像官桥八组那样的生活。"渴望用自己的双手改变家乡，成为周宝生建设新农村不竭的精神动力。

领跑民校：独立学院成就"田野上的希望"

2002年11月，深秋的北京，天高云淡。中国共产党第十六次全国代表大会在北京隆重召开。

"教育是发展科学技术和培养人才的基础，在现代化建设中具有先导性全局性作用，必须摆在优先发展的战略地位……"江泽民同志做报告时洪亮的声音在人民大会堂里回荡，激起了全体代表如潮的掌声。"深化教育改革，优化教育结构，合理配置教育资源""鼓励社会力量办学""造就数以亿计的高素质劳动者、数以千万计的专门人才和一大批拔尖创新人才"等字句如同鼓音在十六大代表周宝生的心中激荡开来。

在经久不息的掌声中，在现场热烈喜庆的氛围中，周宝生思绪万千，心潮澎湃……

此时此刻，周宝生畅想着人民共和国在新世纪发展的宏伟蓝图，畅想着自己将为共和国的建设、发展进一步贡献才智的战略。他把目光落在了"教育兴国"上。作为党的十六大代表，周宝生清楚：党的十六大提出全面建设小康社会，加快实施现代化建设第三步战略部署的历史任务，要求落实教育优先发展的战略地位，加快培养和造就数以千万计的专门人才和大批拔尖创新人才，这对高等教育在量的发展和质的提高方面提出更高的要求。新时期的巨变必将激发全党、全国人民推进社会主义现代化建设的巨大热情，而周宝生有意愿投身教育事业。

2002年12月28日，全国人大常委会正式通过《中华人民共和国民办教育促进法》。这时，周宝生意识到梦想正在向自己走近。他认为，这是一个重大机遇和挑战，田野集团是一个经济实力雄厚、社会声誉良好的高科技民营企业，如果能与一所名校联合兴办一所高等院校，不仅可以为社会培养人才，而且可以为企业持续发展提供强有力的人力资源保障，其社会价值无法估量。

周宝生在调研中了解到：面对国内庞大的教育市场，供给总是赶不上旺盛的需求。今后一段时间，高等教育适龄人口基数庞大，要改变"千军万马过独木桥"的局面，满足人们接受高等教育的需求，必须扩大教育资源。扩大教育资源则意味着投入，在国家财政吃紧的时候，大力发展民办教育是一个选择。

独立学院不同于以往普通高校按照公办机制和模式建立的二级学院或类似的二级办学机构，它的特征在于"独"，即独立法人资格、相对独立的办学条件、独立招生、独立颁发文凭、拥有独立校园、财务独立核算等。按照独立学院的设院要求，它的教学必须依托"办学质量高，办学条件好的普通本科高校"，即每个独立学院都需依托一个好的公办本科高校，但其办学资金来自民间。周宝生认为，这种"名校办民校"的形式，实现了优质资源的最佳组合。

试办于1999年的独立学院是我国教育体制改革深化，教育事业发展走上快车道所产生的新事物。有着强烈社会责任感的周宝生认为自己应该"试水"教育界，在民办高等教育方面蹚出一条新路。周宝生看到，高等教育对于办学资源和条件要求很高，不少民办高校由于师资、资源、管理等方面的制约，发展遇到了很大困难。在这种形势下，独立学院的发展异军突起。试办独立学院为社会力量介入高等教育提供了更加宽阔的发展空间，周宝生认为可以通过全新的、市场的机制配置，实现公办高校品牌与社会资金资源的有机结合，实现自己投资民办教育、回报社会的理想。

很快，国家专门出台了相关文件，积极鼓励独立学院的发展。这时，周宝生更坚信依托公立高校现有的教育资源和富余的教学力量，通过引入社会资本试办独立学院的高等教育改革新探索是一种历史的必然，作为伴随改革开放成长起来的实业家应当参与高等教育的建设。

就在这时，武汉大学正在按照教育部的要求进行改制，准备引入企业共同兴办武汉大学东湖分校。周宝生知悉后，十分振奋，他清楚：武汉大学是百年名校，积淀了深厚的文化底蕴，如果能联合办学就有良好的发展基础。同时，他了解到：武汉大学东湖分校的前身是1998年设立的武汉大学职业技术学院。2000年8月28日，教育部正式批准设立武汉大学东湖分校，成为教育部最先批准兴办的4所独立学院之一。当时，武汉大学正在积极推进改制工作，在周宝生看来这是田野集团进军教育领域的一个难得的好机遇。

经过多次考察和咨询，田野集团开始与武汉大学接触，同时积极寻求各级主管部门支持。当时，已有多家企业与武汉大学商谈联合办学事宜，最终武汉大学选择与田野集团、武汉弘博集团合办武汉大学东湖分校，并于2003年7月18日签订共建协议——田野集团占股份65%。

这是田野集团发展的一个里程碑。同年8月，田野集团等投资主体在襟江怀湖的武汉江夏大桥新区征地1500亩，总投资11.2亿元，开始建设独立的新校园。12月初，在江夏大花岭打下第一根桩，40多支建筑队同时开工。

武汉大学东湖分校校园建设瞄准国内一流，聘请我国高校校园规划设计方面的权威——华南理工大学规划设计院担纲，建筑大师何镜堂院士领衔设计、规划。整个校园山水相依，建筑风格时尚而不失文化特色。

与此同时，武汉大学东湖分校设立了由武汉大学、田野集团、弘博集团组成的董事会，实行董事会领导下的校长负责制，按现代企业制度运作。

2004年8月，武汉大学东湖分校整体迁入新校区，04级新生成为进驻新校园的首批学生。这年招生中，该校本科分数线高出投档线50多分。

作为独立学院，武汉大学东湖分校在夹缝中求生存、谋发展。因为上有一、二本院校，下有高职高专的冲击，周宝生建议将东湖分校的人才培养由传统学院式向应用型人才转变，并就学校的师资共享、教材合作、教学研究、实验教学、实践基地等方面问题向学校行政管理层提出了自己建设性的意见，要求狠抓教学质量，强化社会实践，帮助学生全面提升对书本知识的认识,办出特色。

2009年5月,武汉大学东湖分校合办方之一的武汉弘博集团与田野集团签署股权转让协议,武汉弘博集团将其在东湖分校的全部股权转让给田野集团,退出东湖分校的办学。此后,田野集团独自与武汉大学联合办学,实现了小村组与高等学府的对接。经过多年的合作办学,武汉大学东湖分校发展稳健,2014年综合实力名列全国同类高校第十位,学生英语四级考试一次通过率高于全国高校平均水平。

然而,在学校的发展过程中,周宝生一直感觉独立学院身份尴尬,自己游走在公办与民办之间。于是,他盘算着"出走",选择"单飞",希望有一天能变身为真正"独立"的民办高校。他认为,独立是必然选择,是壮大的需要,也是学校实力提升的标志——在这个时候还托靠武汉大学求发展,就会成为一种束缚,不利于自己的继续壮大。只有尽快实现真正的"独立",才能尽早寻求自主发展,形成特色,与举办学校形成差异化和不同层次的定位,办出自己的优势来。

教育部《独立学院设置与管理办法》颁布后,田野集团与武汉大学围绕东湖分校的发展进行了磋商。2010年9月,武汉大学向湖北省教育厅递交了《关于同意武汉大学东湖分校转设为民办普通高校的报告》,学校正式启动了有关转设工作……周宝生期待着学校的新发展。

2011年5月29日上午,武汉汤逊湖畔,彩旗高扬,鲜花盛放。原武汉大学东湖分校举行揭牌盛典,正式更名为"**武汉东湖学院**"。

身着5种不同颜色文化衫的万余名学生排成10个方阵端坐在运动场上,与全体教职员工及出席典礼的各界嘉宾一起见证了这一历史性时刻。从此,该校正式脱离母体,实现"真正独立","独立学院"的身份变为独立设置的民办普通本科学校,开启了农民实业家周宝生兴办高等教育的新纪元。

民办高校管理机制相对灵活,这是最大的"体制优势"。相反,周宝生认为,依附于母体高校的独立学院,在灵活度上难免会打折扣。此外,独立后可以提升办学的自主权。

"摘帽"后,没了公办名牌大学的"光环",新组建的武汉东湖学院照样得到考生和家长的认可。就在真正"独立"这一年的暑期,该校接待的考生和家长咨询量与往年相比,并没有太大的波动,展位现场的人气有时还比往年火爆一些。有些高中毕业生认为,自己对于学校到底是独立学院还是普通民办高校并不介意,更多的是关心学校的教学条件和毕业后就业情况。

在武汉东湖学院新的教学、科研规划中,着眼长远、竞争占优的举措,业已谋划。先行——将学生就业的基本技能,放在学校教育中完成;对接——与社会需求相适应,引导学生掌握专门本领;立体——会计专业可以学习电算化,还可以涉足工程预算,依此类推,让各类专业学生具备立体的知识结构;多元——培养懂得法律的行政管理人员,培养擅长速记、有较强语言和文字表达能力的法律工作者,依此类推,让各类专业学生一专多能,成为"百变金刚"。

通信工程、生物技术和电子商务3个专业一举进入首批湖北省重点培育的本科专业，无论是数量还是建设质量，均名列同类学校前列；"数据库技术应用基础"跻身省级精品课程领域……武汉东湖学院以专业建设为立校之重之要，以专业建设为立校之本之先，在同类高校中领先起跑，引人注目。

东湖学院人披荆斩棘，锐意进取，始终行进在同类高校的前列。让周宝生高兴的是：该校就业率高出国内同类院校 10% 以上，赢得了学生和家长的由衷赞誉。该校培养的学生，每年有 10% 以上被国内外大学录取为硕士研究生，其中不乏北大、清华、武大、华科大等国内名校；在多次国内外知识技能大赛中，东湖学子与名校学生一较高低，屡有胜出；在校生申请科技发明专利、发表学术论文不在少数。

"看一所大学的办学水平，或者说检验一所大学的办学水平，最客观的尺度，当数学科设置是否优化、专业教学是否杰出、师资队伍建设是否过硬，这是大学办学的根本问题。"周宝生表示，学科设置将从社会急需、本校优势、做大做强这三个方面着眼，不断优化、调整，使之更有特色，更有利于体现学校的办学定位。"我们将把现有精品课程和重点培育专业进一步办好，还要创造条件新增一批精品课程和重点培育专业，着手研究储备一批精品课程和重点培育专业项目。"

有人说，周宝生的成功一靠人格魅力，二靠战略眼光。在经历了创办、探索、转设等发展阶段之后，我国民办普通高校领域存在着激烈竞争，这是一个客观现实。现在有多种预测，其中最为引人注目的一个说法是，谁占有了满足社会需求的人才培养高地，谁就占有了未来发展的主动，谁就会立于竞争发展的不败之地。对此，周宝生有着清醒的认识："不管未来我国高校的发展格局会发生何种变化，有一个不变是肯定的，这就是——决定高校生存发展的关键还是人才培养的优劣高下。"对于武汉东湖学院设置什么专业，以什么方式教学，如何形成一支高素质的教学、管理队伍，如何开展为教学服务、为社会服务的科研活动，周宝生等东湖学院人不断思考、不断探索、不断前进。"既不能满足于自己已有的办学成效，更不能满足于现实领先于他人的办学模式。每一学期、每一学年过去，我们都要回望总结，都要放眼全国，都要分析他人，看我们在哪些方面在进步，哪些方面在踏步，哪些方面在退步，看我们如何先同类高校走一步，比同类高校高一筹。志存高远，高人一筹，靠的是眼光和勇气，靠的是行动和进步。只要是符合《国家中长期教育改革和发展规划纲要》规定的培养人才的方式，我们都可以大胆涉足、敢闯敢试、敢于先行。在培养优秀人才上，同类高校没有做的，我们要先做；同类高校有困难不能做的，我们要发挥优势做好；同类高校想不到的，我们要敏锐感知、先行起步。"

民办教育的优势在于灵活的办学机制和面向市场的就业导向，可以随时调整专业设置，也可以根据市场需求的变化随时改变各专业招生人数的比例。民办院校定位于以培养技术人才为主，其毕业生具有相对较强的实际操作意识。民办院校的学生就业心态通常都更加务实，就业选择也更加多样化。据周宝生介绍：加大和改进应用性、实践性课程，在武汉东湖学院有着刚性要求——实践课时不少于25%，超出了教育部教学指导委员会的规定指标要求；有教学体系——理论课对应设立实践环节，实践课项目具体化；有多元互补——专业实习为主，辅以寒暑假社会实践，间或穿插课程实习；有检验标尺——毕业论文和毕业设计，等级评定的因素来自"分析问题、解决问题的能力"。教育部专家组现场考察认为，武汉东湖学院以培养动手能力为主线的这一教学路径，在我国同类高校中有着标本意义。

接受专访时，周宝生吐露心声：当初投资办民办高校，出于一个朴素的想法——农村孩子上大学很难，大学生要进农村也很难，自己只是想尝试改变这种状况，为国家和社会做一件有益的事。

这么多年过去了，周宝生说，东湖学院经历了从不规范到规范的过程，办学质量不断提高，学校规模不断发展壮大。如今，学校已拥有在校学生1.6万人，80多个普通本、专科专业，历年一次性就业率超过90%。

筑梦田园：助力精准扶贫

"我们要到精准扶贫一线接受锻打，知识报国，感恩社会，回报我们的父老乡亲，让大家在参与中一起品尝我们的教育科研成果，体会学有所用、服务农民的成就感。"2016年2月24日，武汉东湖学院全体教职员工大会召开。周宝生在大会上掏心窝子如此说。

党中央、国务院高度重视扶贫开发工作。"十三五"期间，我国扶贫开发工作进入啃硬骨头、攻坚拔寨的冲刺期。打赢脱贫攻坚战，帮助7000多万农村贫困人口到2020年全部脱贫，对于全面建成小康社会，实现我们党确定的"两个一百年"奋斗目标的第一个百年目标意义重大。中共中央《关于制定国民经济和社会发展第十三个五年规划的建议》指出："必须充分发挥政治优势和制度优势，坚决打赢脱贫攻坚战。"《中共中央、国务院关于打赢脱贫攻坚战的决定》强调："必须在现有基础上不断创新扶贫开发思路和办法，坚决打赢这场攻坚战。"

周宝生说，各地各级党委、政府积极行动，出台了很多有针对性的扶贫脱贫政策措施，精准扶贫、精准脱贫工作如火如荼地开展。但有些地方在指导思想上存在"头痛医头、脚痛医脚""打歼灭战""揠苗助长"的倾向；一些扶贫主体受自身局限，对农村贫困问题的根源没有找准就仓促上阵、急躁冒进；在实际工作中也存在过分看重现行标准下农村贫困人口脱贫，没有把眼前脱贫与"拔出贫根"、长远发展相结合。如此，容易导致贫困人口在攻坚期内顺利脱贫、攻坚期后迅速返贫，不利于第二个百年奋斗目标的实现。"事实上，精准扶贫、整村推进是扶贫决战的两大制胜抓手，是确保到2020年全国同步实现全面建成小康社会的重要抓手。当前的精准扶贫、精准脱贫与党的十六届五中全会提出的社会主义新农村建设在建设内容、建设方向、建设方法上具有很多的相同之处和内在联系。本次精准扶贫、精准脱贫更多聚焦了建档立卡的贫困户，但在农村贫困地区，已经建档立卡的贫困户与没有建档立卡的村民在现实生活中的区分并没有天然红线。因此，建议国务院扶贫办、发改委、财政部、农业部等有关主管部门在扶贫开发实践过程中，要坚持精准扶贫与整村推进的有机结合，完善扶贫开发的长效机制。"周宝生认为，在实行精准扶贫、对建档立卡贫困人口进行到户到人的精准扶持的同时，要积极实行整村推进、对未在建档立卡之列而相对贫困的农村群众开展一域一地整体发展的带动，从而进一步提升贫困地区的"造血"功能，增强贫困地区的发展后劲，巩固扶贫开发的效果，实现当地经济社会真正意义上的可持续发展。

武汉东湖学院扶贫工作队赴嘉鱼县官桥镇观音寺村后，开始启动精准扶贫、精准脱贫工作。他们深入群众，详细掌握扶贫对象情况，征求收集扶贫工作意见建议，围绕精准扶贫的工作要求，紧紧结合驻点村实际，研究制订扶贫工作方案。周宝生说，本次精准扶贫，国家和地方财政投入了大量人力、财力和物力，如果停留在"头痛医头、脚痛医脚"的短期效果上，那么势必造成极大的浪费。他建议国家有关主管部门和各级政府应加大统筹协调力度，对连片特困地区、插花贫困地区（指相对发达地区内的贫困乡村）给予重点扶持和规划指导，完善以整村推进为基础的精准扶贫开发规划，切实解决农村贫困人口脱贫问题。"通过做好扶贫开发和新农村建设总体规划，更好地整合各项扶贫政策资源，使现有政策发挥更大的合力，取得更好的实效。"

产业发展是精准扶贫、精准脱贫基本方略中最为积极、能管长远的举措。没有产业发展的脱贫是无源之水。《中共中央、国务院关于打赢脱贫攻坚战的决定》指出，要"创新扶贫开发模式，由偏重'输血'向注重'造血'转变"，而产业发展就是贫困地区脱贫的"造血干细胞"。周宝生说，在扶贫开发过程中，要积极鼓励贫困地区立足当地资源，培育发展特色支柱产业，推进现代农业生产，提高自我发展能力。建议国家有关主管部门关注扶贫产业发展，积极统筹各类涉农资金和社会帮扶资源，对参与扶贫开发的农业龙头企业、农民专业合作社和互助资金组织给予政策、资金方面的倾斜，促进其帮带群众改善生产生活条件。

周宝生多次从扶贫脱贫工作的重要意义、工作队的目标任务和学校对工作队的期望要求三个方面对工作队成员进行政策辅导，并提出明确的工作要求。他一次次强调，扶贫开发事关全面建成小康社会，事关人民福祉，事关巩固党的执政基础，事关国家长治久安，事关我国国际形象。"学校要把扶贫开发工作作为重大政治任务来抓，切实增强责任感、使命感和紧迫感，为实现'十三五'规划确定的脱贫攻坚目标而奋斗。工作队员要对扶贫、脱贫工作用真情、动真格，确保党的扶贫脱贫政策落到实处。"他要求工作队员：一是要带着对农民和"三农"工作的深厚感情投入扶贫工作，把农村作为锤炼党性、提升素质的舞台，把农民当作老师；二是要吃透党的扶贫脱贫政策和村情、组情、民情，用政策指导工作；三是要加强学习，提高本领，尽快适应岗位角色，圆满完成组织交付的任务，为扶贫对象村带去实实在在的好处和变化，做一些实实在在的事情。

周宝生多次走进驻村工作队办公室，查看工作队制定的管理制度，翻阅队员近期填写的走访入户调查表和工作日记，并要求大家要

"全面走访,不落一户,精准识别,不落一人"。

工作队员上门到户,"一看粮,二看房,三看劳动力强不强,四看家中有没有读书郎,五看有没有卧病在床,六看有没有啥家当"。他们来来回回地跑农户家核实、完善资料,平均每户去了五六次。村民们发现,这些工作队员来的次数多了,连狗都不对他们叫唤了。

通过扎实的调查,工作队不仅找出了贫困户,也让"穷根子"浮出了水面。原来,驻村穷在"四缺":缺劳力、缺资金、缺项目、缺发展动力;"四因"返贫:因病、因学、因灾、因残。找准了"穷根子",还得下准"药方子"。工作队商量着:除了整修村卫生室,必须集中资金搞项目。项目要长短结合,让村民看到效益。周宝生说:要做好精准识别工作,确保真扶贫、扶真贫;科学规划,将精准扶贫与整村推进相结合。

在周宝生看来,扶贫要做好扶志与扶智工作,既要送温暖、送爱心,又要送志气、送信心,更要送智慧、送能力,不断完善扶贫开发长效机制。在支持贫困农村和贫困人口发展新产业、建设新家园的过程中,要进一步完善职业农业教育培训体系,着力培育新型职业农民,带动群众自我学习、自我提高、自我完善、自我发展,用志气消除思想上的贫困,用精准的方略消除物质上的贫困,用智慧消除贫困的代际传递。他建议国家有关主管部门尽快出台政策,将职业农民教育纳入国家教育培训发展规划,将全日制农业中等职业教育纳入国家资助政策范围,支持农业院校和农业广播电视学校开展涉农专业全日制学历教育,采取多种措施鼓励农民就地就近接受职业教育,着力培育新型农业经营主体带头人和职业农民队伍。

周宝生鼓励武汉东湖学院驻嘉鱼县官桥镇观音寺村的精准脱贫工作队、驻崇阳县的教育结对扶贫工作队，把讲台、研究室、实验室搬到精准扶贫一线，结合当地的资源、人才优势，为地方经济发展、为农民增收致富出谋划策。"我们的重点学科为育人而生，因济世而荣。我们完全可以利用扶贫这个平台或机会，让教育走进田间地头，让我们的科研成果在农村落地，惠及贫困地区。这也是推进我们科研工作在服务地方、成果转化方面的一条新路。我们要做好这个接地气的项目，让我们的技术应用向技术开发和经营能力延伸，通过扶贫检验我们的学科建设水平与服务基层的能力。"

官桥八组经济发展了，村民日子好过了，八组村民把帮带的眼光投向周边的村组。2008年以来，官桥八组积极探索和践行"先富帮后富，坚持共同富裕"的发展方式，与官桥镇石鼓岭村、官桥村、观音寺村和贵州水城县比德乡大寨村等结对帮扶、村企共建，以绿色发展为引领，全力推进美丽乡村建设。

彭兆旺

"菌业袁隆平"开创扶贫新格局

PENG ZHAO WANG

大国
小康

PENG ZHAO WANG

彭兆旺，菌业专家，"香菇菌棒袋栽"技术之父。1948年出生于福建古田。曾为上海丰福食用菌科技有限公司董事长。曾获全国农村科技致富能手、全国星火科技先进工作者、中国林业产业突出贡献奖、全国食用菌行业工匠精神奖、福建省科技进步二等奖、福建省劳动模范等荣誉。

大 国 小 康

―

2018年4月,在以"新时代 新菌业 新作为"为主题的2018中国国际食用菌新产品新技术博览会上,"香菇菌棒袋栽"技术创始人——福建省古田县大甲镇农民彭兆旺被授予全国食用菌行业"工匠精神奖"。

彭兆旺几十年如一日地专注于食用菌技术创新,用自己追求极致的精神和孜孜以求的行动砥砺前行,诠释着菌业的"匠技和匠心"。他发明的"香菇菌棒袋栽"技术,改变了全世界食用菌产业的格局,促使我国香菇在短短的10年里从不足2000吨的产量,至1996年就高达8.6万吨,占当时全球总产量的87%。2016年度,我国香菇总产量为898万吨,产值达1100多亿元,从业人员达1000多万人,香菇成为我国生产区域最广、总产最高、影响最大的食用菇类。著名蕈菌学家张树庭教授曾这样评价彭兆旺:"袁隆平解决了中国人吃饭的问题,彭兆旺解决了贫困山区农民收入的问题。"

习近平在福建工作期间,曾到彭兆旺的生产基地视察菌菇生产情况,对他开展的食用菌生产科研十分支持,鼓励他"让山区农民摆脱贫困,带动农民脱贫致富"。

致敬这位长期默默无闻耕耘于农村科研一线的平凡农民!他的朴素、诚实、严谨、和善让人亲近,他对农村、对家乡的赤子般情怀让人感动,他对扶贫事业"滴水穿石"般的坚持让人钦佩,一如他的儿子所言，"父亲从不计较个人的得失，不争名争利，埋头苦干，默默无闻，怀着一颗善良而悲天悯人的心"。

一个"疯子"的八年"折腾"

1990年10月25日，全国香菇生产专业会议向全世界宣告："中国香菇年产量突破万吨，居世界首位，成为香菇生产大国。"业界都清楚，助力我国香菇栽培飞跃发展的领军人物，是福建省古田县大甲乡农民彭兆旺，他成功研发的"香菇菌棒袋栽"技术被称为"生物原子弹爆炸"，结束了近千年来香菇祖师爷吴三公开创的"段木栽培香菇"的历史。国际药用菌学会主席、中国工程院院士李玉如此赞道："林茂菇丰非梦想，禁段木兴菌棒。三公有知应叹，功归彭兆旺。"国家食用菌产业技术体系首席科学家张金霞对彭兆旺的评价是："中国近代对食用菌作出了革命性贡献的人是彭兆旺，而不是我们这些专家教授。"

这种袋栽香菇新技术，是以杂木屑及农作物秸秆麸糠为原辅料，人工合成后装入塑料薄膜袋，作为长菇的载体。每100公斤原料可产出香菇80～130公斤，单产比段木栽培法提高10倍以上；生产周期为8个月左右，比段木栽培法缩短三分之二。这一创举为山区农民开辟了一条致富门路，极大促进了食用菌产业的腾飞。一户农家只要利用一亩冬闲田，就可栽培一万袋，20世纪80年代创利超万元。因此，"闲田一亩种香菇，一年跨上万元户"成为当年广为传颂的美谈，该技术很快被推广到古田全县各乡镇，出现了"菇房比民房多，种菇人比种田人多"的产业化生产规模。其星火也迅速传遍我国大江南北各省市区，使中国一跃成为世界香菇生产大国。

在这袋栽香菇成功的赞美声中，谁都不会忘记此项技术的发明者彭兆旺，在这其中他呕心沥血付出无数艰辛，熬过一个又一个不眠之夜。彭兆旺生于古田县赤贫、落后、闭塞的山旮旯儿——大甲乡（现为大甲镇）大甲村。大甲乡贫苦之大名可谓甲于古田，因为僻远而被人称为"古田的西伯利亚"。闽东方言顺口溜道出了当时的贫困——"吃的甘薯饭，穿的粉袋裳，住着低瓦房，烤火笼取暖。""若要盖竹（大甲）兴，除非黄土变黄金。"

"几乎没有菜吃，就炒盐巴下饭。就是炒菜也没有油，一块大肥肉在热锅一擦后再炒菜，擦的次数多了，那块大肥肉都变黑了。没有衣服穿，就把尿素袋拿来染色做裤子穿。小时候哪有什么理想，梦想就是填饱肚子。"彭兆旺平淡地讲述着。乡邻们以炒盐巴当菜、下地瓜米饭，其困顿贫穷之状是当今过着幸福生活的人们无法想象的。当年，大甲人找不到致富的门路，失去的还有信心。

"我二哥高中毕业后，没有钱读书，由大队保送到福建农学院学习。"1965年，彭兆旺的二哥彭兆燧从福建农学院毕业，带回一支银耳试管，说这个能在木头上长出白木耳。"当时，我哥哥是想在生产队里进行试验，可是生产队不同意，于是自己动员了11户农民联合起来搞一个试验，我全程参与了。"彭兆旺看到哥哥彭兆燧指导农户试验栽培白木耳，结果白莲花般美丽的银耳终于在段木上"开了花"。所种植 3 立方米的段木白木耳，拿到南平地区供销社里去卖，收入了 1800 元。这使彭兆旺对食用菌栽培产生浓厚的兴趣，他思考着如何以此为突破口改变家乡祖祖辈辈过着的贫穷生活。

彭兆旺回忆说："20 世纪 70 年代初，我们村里有少量人工段木栽培香菇，地点是在山上树荫下，所产香菇质量比较好，每 100 公斤段木可生产干香菇 1.8 公斤左右。我就思考香菇段木栽培法会使资源越来越少，如何能利用木屑培养料栽培和室外出菇，既能大面积栽培，农民容易接受和掌握技术，而且还能保证香菇品质，该多好。"

1973 年一次偶然的机会，彭兆旺发现，古田农民相继开始发展木屑瓶栽银耳。此时的彭兆旺喜出望外，一个大胆的设想激荡于头脑中：砍树种菇危害社会，安全事故频发，也严重破坏森林、生态，能不能用木屑瓶栽香菇？然而，银耳是定位长耳，一瓶只长一朵，而香菇则是不定向长菇，两个品种的生物特性截然不同。他苦苦寻找段木的替代品。他从乡里锯板厂取了一些被到处丢弃的木屑，并加入棉壳、麸皮等营养物，用各种容器进行试验栽培对比，终于得出结论：塑料薄膜制成袋，装入培养料，最为理想。由此，他产生了模仿段木制作菌棒而袋栽香菇的想法。

然而，袋栽香菇的试验过程并不是一帆风顺的。塑料袋规格多大多长合适？刚开始，他仿照段木栽培香菇的规格，制作了长达 100 厘米、口径 25 厘米的特大塑料袋，装满木屑后搬来搬去，结果破的破，断的断，300 多袋只剩下 20 多袋。由于这种料袋过于长且大，灭菌不彻底，结果杂菌污染严重而以失败告终！

菌业专家彭兆旺

彭兆旺并不灰心，继续开展研究、对比试验，终于认定料袋规格径宽15厘米、长50厘米最为适合，灭菌效果好，于是敲定了料袋的标准。

当时，没有灭菌设备，只能在炒菜锅上放上木桶当作简陋得不能再简陋的灭菌灶，从而导致蒸煮不透、消毒不好，接菌种后不见菌丝走动，杂菌滋生。彭兆旺说："像这种失败的原因好找，把塑料袋改小就是了。难的是掌握香菇的生长规律，比如它对水分、变温、光照等的要求，不细心地观察、认真读书，不融会贯通是不行的。"

袋栽香菇需要脱袋后，菌筒转色才能长菇。为了摸索菌筒转色规律和管理方法，他日思夜想，经常半夜三更独自进菇棚掀起菇床上的罩膜，摸索人为控制昼夜温差参数，研究人工温差刺激催蕾技术环节，促进菌筒转色长菇。

有一次试验，接菌后不见菌丝走动，喷水后长出绿霉来，晾干又长不出香菇，结果只能一袋一袋扔到溪边。是什么原因导致失败？彭兆旺冥思苦想……想不到他扔掉的木屑袋，被邻居捡去一截放在室外，竟然长出几朵香菇来。

这是失败中开出的希望之花。彭兆旺惊喜之余细心观察，发现它被溪水浸过。这时，他想起前年自己听到一个钓鱼人说，溪里漂浮着木头，上面长着香菇。言者无心，听者有意。彭兆旺一口气跑了30多公里路，沿溪而上追寻。他到溪里把它捞上来一看，不是木块，是上游宁德县中洋乡人培育段木香菇菌种用的菌块。菌块经水一浸，香菇吸足水分，长得可厚实哩！一个偶然的契机，使他悟出其中的奥妙：香菇和人一样需要"喝水"，要给培养基浸水！

有一次，彭兆旺为了求证水对菌棒栽培的作用，坐车到宁德图书馆查阅资料。回家途中客车发生了车祸，他受伤严重，在医院昏迷了11天，醒来后第一句就是问香菇资料丢失了没有。彭兆旺就是以这种忘我的精神钻研菇类技术，一心想帮助农民通过种菇脱贫，改变家乡贫困落后的面貌。这个信念支撑他走下去。他在下一次试验时，把木屑袋浸到水里十多个小时，果然菌棒转色了，菌丝体长出香菇来了。

闯过了浸水关，又遇光照关。放在室内培养的木屑袋长出的香菇，菇腿又长又细，菇伞又白又薄，凑近鼻子嗅嗅没有什么香味。这不成了长腿的银耳吗？那时的彭兆旺饭吃不下，头发长了忘记理，白天钻进菇房不出来，晚上翻书到凌晨不想睡。一天夜里，他翻开700多年前王祯（元代农学家）著的《农书》，想看看老祖宗是怎么讲的，忽然一行字跳进他眼里"……但取向阴地，择其所宜木伐倒，用斧碎斫成坎，以土覆压之……"他心头一亮，这不是说种香菇不能只注意干湿度，还要注意光线强弱吗？思路通了，他跳了起来：种香菇不同于种银耳，要让它回归大自然中去生长。彭兆旺在田里搭起一座茅棚，"三分阳，七分阴，花花阳光照得进"，人为地为香菇生长创造一个适宜的环境。这样，最大限度地满足了香菇对湿度、温度、空气、光照生态条件的要求。经过反复试验，终于研发形成"室内培养菌袋，野外搭棚脱袋长菇"的菌棒香菇栽培新技术。

曾经的千辛万苦，如今在老人眼中已"神马都是浮云"——当年，没有专业知识、没有信息来源、没有资金、没有设备，白天干农活,晚上坚持研究,熬过无数不眠之夜。为筹资金,他变卖了家里准备建房的木料、砖块,被父亲打了耳光。"整个村里都在议论,搞了这么长时间,没有搞出一点名堂,这是一个疯子。失败又做,失败又做,不服气。"试验的菌棒被公社"割了资本主义尾巴",他被当成改造教育的对象,在大甲五境堂"学习"了近半个月……

失败和挫折并没有削弱他的意志,他初心不改,锲而不舍,从未停止过对菇类栽培技术的研究。功夫不负有心人,经过长达8年的研究探索,1978年初试成功,1981年他的技术进一步完善与提高,实现了"纯菌种栽培、集中发菌、室外脱袋出菇",产生了巨大的生态、经济及社会效益。

1981年技术成熟后,彭兆旺试栽培香菇9000袋。他自制栽培种,经接种培养后搬进野外棚内,脱袋、转色培养出菇,长势良好。高兴之余新问题又起,菌筒长菇采收二轮后久久不见菇蕾。彭兆旺纳闷,一个菌袋只能产出这么多香菇?他反复琢磨,日夜思索,茶饭不香。一天,他心情郁闷地在村里漫步,无意间发现不长菇的菌筒被丢弃到水潭边却长出很好的香菇。他心里的疙瘩一下子打开了:产菇后的筒内不长菇的原因,是基质水量不足。于是,他研发了菌筒浸水继续长菇这一技术。

一朵香菇改变贫困地区面貌

1982年,彭兆旺动员邻里、亲朋好友6户,将自己的6000元借给他们，又将自己的住房作抵押，在农村信用社贷款 2 万元作为启动资金，一起合作栽培香菇，自己做技术指导。经过一年的努力，6 户人家均成为万元户。次年，彭兆旺把栽培技术推广给本乡的 70 多户农民，当年栽培成功率达 96%，引起了大甲乡政府的重视。

1984 年，大甲乡党委书记、乡长三顾茅庐，邀请彭兆旺主持成立大甲乡食用菌公司并任总经理，带领农民脱贫致富。"乡里很重视，把乡政府秘书的办公室腾出来作为我们的菌种室，把乡政府的大礼堂拿来发菌，把乡政府门口的操场拿来建造菇棚。"菇农种植香菇成本从信用社贷款，由菇农 5 户一组连保；菌种由公司统一制作，按成本价供应生产户；机械设备、生产辅料，以进货价按需发给生产户；发放给菇农的辅料、菌种等资金待收成后收回；组织技术人员分成 16 组到各行政村做现场技术指导，等等。

彭兆旺的这一新技术，让全乡栽培的香菇像鲜花一样一夜之间开遍田野、庭院。近水楼台的大甲乡农民首得实惠，1984 年全乡 1400 多户栽培菌棒 1200 万袋，1985 年 4 月全乡 98% 的农民摘掉贫困帽子。大甲菌棒香菇的发展，为贫困县农民开创了一条脱贫致富的新路径，很快在全县各乡镇推广开来。据《古田县志》记载："1986 年菌棒香菇技术推广到各乡镇，全县有占总农户 25% 的农民 18000 户，栽培 3778 万袋；1987 年全县有 32258 户农民栽培香菇 8400 万袋，占农民 45%；1988 年后每年栽培 1 亿袋，居全国首位。"

一石激起千层浪，古田县脱贫率之高，引起了宁德地区领导的高度重视。1985 年宁德地委副书记、地区行署专员陈增光号召地区七个县的山区以这项技术作为脱贫致富的抓手，并为彭兆旺题词："菌业发展革新者，香菇生产带头人。"

彭兆旺的足迹遍及家乡古田县大甲乡的山山水水，他把技术无偿奉献给父老乡亲。到 1986 年，全乡有几千户农民靠袋料菌棒栽培香菇脱了贫，当年全乡总产值和人均纯收入比 1981 年翻了 5 倍。1986 年，彭兆旺应福建省政协的邀请到龙岩地区、南平地区及上杭县等地进行香菇扶贫培训。他亲自授课，下田指导，龙岩地区准备了 2 万元给他做培训费，他分文不取。由于他在全省扶贫事业中所作的杰出贡献，福建省政协授予彭兆旺扶贫"孺子牛"称号。

1988 年，宁德地区将彭兆旺的香菇菌棒技术列入闽东地区"星火计划"项目。过了几天，彭兆旺就接到宁德地区食用菌办主任通知，请他到闽东各县为山区农民作专业技术培训。很快，全地区七个县全面推广菌棒栽培，数量达 1.8 亿个（袋）。

由于彭兆旺菌棒技术对当地农民摆脱贫困起了巨大作用，他被评为宁德地区优秀党员，在宁德地区党代会上发言介绍他的事迹，他引起时任宁德地委书记习近平的重视。

1989 年的一天，宁德地委书记习近平来到古田县大甲乡，深入菇棚视察，考察了菇农种植香菇的情况，走访了彭兆旺的家，并表达了政府的关心。

习近平在与彭兆旺的交谈中，询问了有关香菇菌棒栽培问题。他详细了解了该项技术推广的难度和风险状况，勉励彭兆旺再接再厉，带动当地经济发展，促进乡村脱贫致富。特别是要针对八山一水一分

大 国 小 康

彭兆旺（右）对农户进行技术指导

田的古田县农民进行一帮一、以一带十方式，让他们种香菇摆脱贫困，过上幸福的生活。在与习近平的交流中，彭兆旺谦虚地说："这项技术的创新，包含着各级领导的支持和菇民们的实践，不能归功于我一人。"

彭兆旺香菇室外木屑袋栽技术的突破，使大甲人民看到了脱贫致富的曙光。一时间，大甲成为全县、全省乃至全国关注的焦点，客商们蜂拥而至，形成了一条菌种供应、香菇种植、市场销售的产业链，大甲香菇闻名遐迩，经济发展呈现出前所未有的繁荣。

闽东地区菌棒香菇迅速发展，使得闽北松溪、政和、沙县、邵武、南平、建阳，以及闽西长汀、永春，甚至闽南漳浦、长泰等县迅速跟进。1996年福建省香菇栽培量达到6亿袋，占全国香菇总栽培量的"一半江山"，鲜菇产量每年保持2万吨。2009年全省食用菌总产量196.98万吨（鲜品），总产值86.82亿元，占农业总产值的10.5%，其中香菇占主要地位，成为福建省农村经济发展中的一个具有特色的支柱产业，对福建山区农民的脱贫致富和新时代菇农创业发挥了重大作用。随后，江西、浙江、湖北、安徽、广东、河南、河北等省区，先后派人员来到大甲参观、学习技术。彭兆旺毫无保留地传授技术，促进了香菇袋栽新技术迅速传遍省内外。香菇产业的发展，带动了一批"职业菇农"致富。

彭兆旺的科学精神令人敬佩，他不牟私利、公而忘私的品格更是令人肃然起敬。1985年，美国有人通过报道了解到"香菇菌棒袋栽"技术问世，特写信邀请彭兆旺去美国发展，并在美申报专利。彭兆旺没有为名利所动,还是选择留在国内发展。从 1986 年至 1992 年,全国各地的参观学习者络绎不绝,大甲乡食用菌公司免费为他们提供雨鞋、雨伞,免费食宿,免费培训香菇菌棒袋栽技术。彭兆旺培训的人员超过 3200 人,接待咨询 20000 多人次,免费发放技术资料 6000 多份。该技术模式的延伸,推动着香菇产业的蓬勃发展,并带动塑料制袋、吹膜、食用菌机械等一系列相关产业的发展,助力中国农村落后面貌的改变。同时,大甲乡党委政府所做的大力发展香菇生产的经验总结,被收入宁德地委工作会议典型材料汇编《滴水集》,作为经验推广。

1985 年,彭兆旺应邀到湖北省随州市三里岗林站指导香菇菌棒袋栽技术。当年这里的农民生活贫困,住的是土瓦房,外面下雨,屋内成水塘。后来,三里岗流传民谣"一年种菇盖新庐,二年种菇存银行,三年种菇奔小康"。随州市 2017 年食用菌产值达 200 亿元,曾都区 42% 的农民靠种菇脱贫致富。

1987 年 3 月,宁德行署授予彭兆旺的发明"科技进步一等奖"。1988 年 10 月 26 日,国家科委在西安举行的首届"星火计划"成果展览会上,彭兆旺发明的"香菇菌棒袋栽"荣获金奖。同年 9 月,农业部授予"香菇菌棒袋栽"技术部级科技进步二等奖。1989 年 4 月,中国科学技术协会授予彭兆旺"全国科技致富能手"称号,当年他还被古田县大甲乡聘为科技副乡长。1991 年 4 月,福建省人民政府评其为劳动模范。同年 10 月,国家科委评他为"全国星火科技先进工作者"。

20世纪90年代初，中国食用菌协会先后在河南泌阳和西峡召开全国香菇生产技术交流会，推广彭兆旺菌棒香菇袋栽新技术，促使中原地区香菇产业超常发展。彭兆旺在泌阳、西峡指导建设了大型香菇示范基地，直接推动当地香菇产业发展。农民来自香菇生产的收入占总收入的大头，部分乡镇香菇成为突出的亮点，成为国家级"一村一品示范镇"。河北平泉于1995年开始引进彭兆旺菌棒香菇袋栽技术。这里所处海拔高度为335～1729米，年平均降雨量540毫米，日照时间长，昼夜温差大，年平均气温7.3℃，自然气候条件有利于香菇生产。地方政府先后派人到福建古田考察香菇菌棒袋栽技术，参观学习，并把发展香菇产业作为广大农民摆脱贫困、走向富裕的重要举措，加大支持力度，香菇产业迅速发展，使一大批农民脱贫致富实现小康梦。

1994年11月，以食用菌专家古川久彦为团长的日本食用菌代表团一行21人专程来到古田县交流香菇菌棒袋栽技术。之后，美国、加拿大、韩国、澳大利亚、新西兰等20多个国家的菌类专家，先后来到古田考察香菇生产，交流相关技术。外国专家对彭兆旺的发明产生了浓厚的兴趣，并对他的相关技术推广表示钦佩。

一个技术撬动扶贫大产业

中国科学院南京地质古生物研究所从多年来在辽宁、内蒙古和缅甸克钦邦北部的胡康河谷等地采集到的琥珀标本中，确定发现了距今

1亿年左右的蘑菇化石。这些蘑菇化石形成于白垩纪中期，被发现时结构完好，是迄今发现的最古老的蘑菇化石。在大自然林林总总的生物群中，菇菌在人类文明的早期扮演过重要的角色。先民们以采集野生山果和菇菌作为充饥食物的历史，在世界各地延续了数千年。我国是世界上最早认识食用菌的国家之一，《吕氏春秋》就载有"味之美者，越骆之菌"。进入农业社会后，随着人类文明的昌盛，人们才开始以一种挑剔的眼光来鉴赏菇菌，对这种美味食品津津乐道。如今，随着科技的迅速发展，食用菌以多种多样的形式呈现在人们面前，而它绿色、健康、营养的概念也渐渐深入人心。

香菇，又名香蕈，素称"山珍之王"，在我国人工栽培的历史悠久。彭兆旺发明的"香菇菌棒袋栽"技术，直接推动香菇袋料栽培在我国大江南北迅速普及推广，很快就打破了千百年来段木栽培香菇的历史，引来中国香菇产业发展中的"80年代春天"，并成为世界食用菌栽培史上里程碑式的事件，彭兆旺也由此被誉为"当代菇神""菌棒食用菌产业之父"。

千蕈盛开惠万民，不上瑶台富穷乡。多年来，中央一直把扶贫脱贫作为重要工作来抓，特别是改革开放后，"三农"问题备受关注。彭兆旺以数十年的积累、观察、研究，发明的袋料菌棒栽培香菇技术引领菌类栽培，实现了产业化，更推动了以食用菌产业使农民脱贫的进程。

在彭兆旺的无私引导与传授下，菌棒袋栽香菇技术迅速普及，成为许多地方农民脱贫致富的短、平、快武器，直接推动中国打破日本在香菇生产领域的绝对优势地位。1987年中国香菇产量第一次超过日本，取代日本成为香菇生产第一大国，香菇成为我国当时为数不多可以左右全球市场的农产品之一。更加重要的是，彭兆旺的这种菌棒袋栽技术从香菇逐渐扩大应用到多种食用菌栽培，形成多种类的袋式立体栽培，促进了产业效益的大幅提高：1978—1994年，我国食用菌产量占世界的总比重从5.66%上升到52.96%；1994—2003年，全球食用菌的产量年均增长率为14.3%，增长主要来自中国；2002年以后我国食用菌产量占世界总比重一直稳定在70%～80%，成为世界食用菌第一生产大国。

食用菌产业是典型的生态扶贫产业，是构建生态循环型现代农业的典型行业，有"点草成金""化腐朽为神奇"之称，生产方式灵活、规模可大可小、效益高、生产模式可选择性强，在精准扶贫和贫困人口参与度高的特色农业基地建设上具有得天独厚的优势。以菌棒袋栽香菇技术为例，香菇生产以木屑（农作物秸秆、棉籽壳、玉米芯、甘蔗渣）、麸皮、米糠等下脚料、农作物废弃物为主要原材料，收获后的培养基废料（菌渣）经过加工处理又以多种形式再次参与到生态循环过程中，可取得良好的经济效益和社会效益。彭兆旺发明的菌棒袋栽技术非常适合广大农村脱贫致富，在很长一段时间里，这项技术在我国农民的脱贫致富中发挥着巨大的作用。

2000年后，国内不少贫困地方利用当地丰富的资源优势，把香菇种植作为脱贫产业，香菇一度成为我国南北方贫困地区实施产业精准扶贫的助农增收、脱贫摘帽的主导产业。彭兆旺发明的香菇菌棒袋栽技术 40 多年间累计帮助 2800 万农户摆脱了贫困，帮助 3500 万农民实现就业。全国有 592 个国家级贫困县，其中 426 个县开展了食用菌产业扶贫，用香菇作为扶贫项目的占比达 72%。2016 年 11 月，一部名为《一个农民的贡献》的电视纪录片荣获中国"第 22 届中国纪录片学术盛典长片十佳作品"大奖，再现了老菇农彭兆旺的菌界生涯。

彭兆旺香菇菌棒袋栽技术已延伸至世界食用菌栽培 30 多个品种，其中我国袋料栽培已达 20 多个品种。进入 21 世纪后，菌棒生产从传统人工模式向工厂化、机械化方向发展，2003 年彭兆旺成立了上海丰福食用菌科技有限公司，实现三代传承种菇，开始了菌菇产业的现代企业化运营，工厂化香菇菌棒等产品出口欧、美、日等 20 多个国家和地区。彭兆旺的儿子彭泽福年轻有为，还摸索出一条"现代都市林下菌菇产业"发展新路，充分利用林下资源，传承父亲一手开创的"国内制菌包，国外长香菇"业务，推出"移动农业，新鲜到家"的创新项目，推动了城郊农民致富和食用菌休闲文化的发展。看到儿子事业兴旺发达，彭兆旺从心底里感到高兴。

食用菌味道鲜美，兼具荤素之长，具有高蛋白、高维生素、高矿物质、高膳食纤维，以及低糖、低脂肪、低热量的"四高三低"营养特点，是"一荤、一素、一菇"健康膳食的三大基石之一。近年来，菌类多糖又被临床研究证实在抗肿瘤、降血脂、护肝排毒等方面发挥着重要的生物活性作用，因此食用菌不仅能满足人们对食物的要求，而且营养均衡、药食同源，是未来食品消费升级的重要方向。如能实现从"菇菜"到"菇粮"的转变，食用菌产业不仅是继吃饱"奔小康"到吃好"奔富裕"和实现良性生态循环的重要手段，还可以成为粮食安全的新支柱。

晚年的彭兆旺，生活在古田，仍然关心农民朋友发展香菇生产，助力精准扶贫，再立新功。

路在脚下，希望在前。彭兆旺感到欣慰的是，自己早年的科研技术在今天增强了许多贫困人口的自身发展能力，有效地破解了一些地方脱贫增收难的瓶颈，带动贫困户搭上了"脱贫快车"，奔走在幸福的大路上。